인간은 손바닥만 한 정원이라도 가져야 한다

차례

프롤로그 정원, 자연과 인간의 가장 깊고 오래된 대화   8

1장   인간에게는 왜 정원이 필요한가

정원의 탄생   17
흙을 어루만지는 손   27
사랑에 대한 완벽한 메타포   35
권력자가 꿈꾼 이상향   42
에덴동산에서 무릉도원까지   50
사색과 창조, 영감의 원천   56
이데올로기의 도구   64

2장   정원의 미학

마음이 편안해지는 이유	73
담장 속 철학	80
수학과 예술이 빚어낸 경이	89
꽃이 선사하는 황홀경	96
땅이라는 캔버스	102
공간을 빚는 협연	111
나무의 숨결이 깃든 옛 정원	121
물을 현명하게 다루는 능력	128
정원의 진화와 생물 다양성	136

3장　도시, 정원을 만들다

한 사람의 꿈으로 일구어낸 모두의 꿈	145
상처마저 보듬어 비옥하게	153
더불어 가꾸는 삶의 터전	161
눈 속에서도 푸르른 겨울 정원	169
어린이 정원이 비싼 놀이터가 되지 않으려면	177
모두를 위한 무장애 정원	189
자투리 정원이 주는 풍요로움	196
새로운 감각을 일깨우는 밤의 정원	203

4장 정원, 도시를 품다

자연과 가까워지고 싶은 본능	215
내 곁의 작은 생태계	221
도시 탄소의 흡수원	231
융복합의 시대, 새로운 차원의 정원	239
이끼와 고사리, 미래를 지킬 원시 식물	249
죽음을 너머 위로와 안식으로	257
국가 브랜드 정원의 시대	266
수선화가 보낸 신호를 알아채는 미래의 정원	275
에필로그 도시가 우리의 정원이라면	282

프롤로그

정원, 자연과 인간의
가장 깊고 오래된 대화

뉴욕의 패션모델이자 환경 운동가인 서머 레인 오크스Summer Rayne Oakes는 식물 마니아로도 유명하다. 그녀는 거주하는 아파트 안에 무려 560여 종류에 이르는 식물 화분을 1,100개 이상 기르고 있는데, '플랜트 원 온 미Plant One On Me'라는 이름으로 운영 중인 유튜브 채널은 56만 명에 육박하는 구독자를 자랑한다. 요즘 인기 있는 플랜트플루언서plantfluencer(식물과 인플루언서를 합친 말)인 셈이다.

내가 일하고 있는 한국수목원정원관리원 소속 국립세종수목원의 온실 담당 직원도 아파트 안을 온통 정글처럼 초록 식물로 가득 채워 집 안이 마치 작은 식물원 같다. 그는 수목원에서 식물을 가꾸고 전시하느라 종일 구슬땀을 흘리고 나서도 퇴근 후 집에 가면 아끼는 식물을 하나하나 보살피며 큰 위안과 즐거움을 얻는다고 말한다. 식물을 사랑하는 '식집사'의 일상을 소셜미디어에 올리는가 하면 직접 번식시킨 귀한 식물들을 가드닝 노하우와 함께 주위 사람들과 나누는 식물 전도사이기도 하다.

이들처럼 열렬한 식물 마니아까지는 아니더라도 집 안 거실이나 베란다에 화분 한두 개 정도 키우지 않는 집은 아마 거의 없을 것이다. 집들이 선물로 받은 커다란 몬스테라 화분이나 생일 선물로 받은 앙증맞은 다육이 화분, 혹은 체험 프로그램에 참여하여 정성껏 만든 테라리움 등 주변을 살펴보면 꽤 많은 식물 화분이 우리와 함께 지내고 있다는 것을 알 수 있다. 생각해보면 우리 어머니, 할머니 세대 때도 집 안 어딘가에는 항상 식물 화분이 있었다.

우리는 왜 식물을 가까이 두는 것일까? 미국의 생물학자 에드워드 윌슨이 '바이오필리아biophilia(생명 사랑)' 개념을 통해 소개한 것처럼 인간은 무의식적으로 다른 생명체와 유대를 추구한다. 우리 유전자 속에는 원래부터 생명 사랑의 본능이 새겨져 있다. 숲속을 걸으며, 이리저리 눈을 움직여 가까이 있거나 멀리 있는 자연의 사물들을 바라보고, 온갖 미묘한 냄새와 소리를 감지하는 행위는 평소에 잠자고 있던 오감을 깨워 우리 몸과 마음을 살아 있는 느낌으로 충만하게 해준다.

바쁜 일상과 환경적 제약 탓에 자연을 쉽게 접하지 못하는 도시민들은 가까이에 식물을 기르며 자연을 열망하는 인간의 근원적 욕구를 충족하고자 한다. 마음에 드는 식물을 곁에 두고 교감하며 보살피는 반려식물 개념은 익숙해진 지 오래다.

이미 수많은 연구로 잘 알려져 있듯, 초록 잎은 바라보는 것만으로도 마음을 편안하게 하고 스트레스를 완화해준다. 꽃은 여러 긍정적 감정을 일으켜 마음을 행복하게 해준다. 좋은 흙과 빛, 물과 거름으로 식물을 키우는 과정은 그 자체로 치유하는 시간이자 긍정 에너지 충전 기회가 된다. 질감과 색감, 꽃피는 시기도 다양한 크고 작은 식물을 키우면 가드닝의 여러 좋은 효과를 누릴 수 있다.

특히 좋아하는 식물을 하나하나 모으는 일은 또한 우리에게 내재한 채집 본능, 즉 수백만 년 전부터 인류가 야생에서 살아남기 위해 생존에 필요한 것들을 확보하여 안도감을 느끼고자 하는 내재적 욕구에도 충실한, 자연스러우면서도 건강한 활동이다. 식물 수집은 더 나아가 자신만의 소중한 컬렉션으로 정체성을 표현하는 수단이 되기도 한다. 옛날 우표와 LP판부터 오늘날 캐릭터 피겨까지 갖가지 물품을 수집하며 애장하는 사람들이 느끼는 자부심과 행복감과도 비슷한 측면이 있지만, 살아 있는 생물을 기르는 일은 더 숭고한 가치를 지닌다. 어쩌면 현대의 식물 수집가들은 급변하는 도시의 치열한 생존 사회에서 정신적으로 피폐해지지 않고 살아남고자 위안 삼을 만한 대상으로 식물을 수집하는지도 모르겠다.

사실 인류가 식물을 실내에서 재배하기 시작한 역사는 고대 시대로 거슬러 올라간다. 이집트인들은 고인 무덤에 식물을 두어 사후 세계의 영원한 삶을 빌었고, 로마인들은 빌라에 정원을 만들고 회랑과 실내 공간에도 식물을 배치하여 풍요로움을 즐겼다. 17세기 초 영국의 식물학자 휴 플랫Hugh Platt 경이 《식물 낙원Floraes Paradise》이라는 책을 통해 다양한 식물로 장식한 매혹적 실내 공간 개념을 소개한 이후로 실내 식물의 장식적 효과에 대한 관심은 꾸준히 늘었다. 19세기 영국의 빅토리아 시대에는 전 세계 열대지방에서 도입된 화려한 잎, 이국적인 꽃들과 함께 실내 식물의 인기가 절정을 이루었다.

예부터 한국, 중국, 일본에서 발달한 분재 역시 화분에 다양한 잎과 꽃, 열매를 감상할 수 있는 식물을 고도의 원예 기술로 가꾸어 자연의 아름다움을 늘 가까이에서 즐기고자 한 훌륭한 가드닝 문화다. 이는 바이오필리아 철학과 장인 정신, 예술성 모두를 충족해 주는 것이었다. 특히 15세기 중반에 나온 우리나라 최초 식물전문서 《양화소록養花小錄》의 저자 강희안은 손수 엄선한 꽃과 나무를 화분에 식재하여 기르는 법을 상세한 기록으로 남겼다.

오늘날 식물을 모티브로 한 카페를 비롯한 대형 쇼핑몰, 관공서, 주거 공간과 사무 공간에 적용하고 있는 플랜테리어

planterior 개념은 이 모든 실내 식물의 재배 역사와 문화사, 현대의 발달한 가드닝과 인테리어 기술을 융합한 산물이다. 밀라노의 보스코 베르티칼레Bosco Verticale 빌딩, 싱가포르의 파크로열 컬렉션 피커링Parkroyal Collection Pickering 호텔처럼 실내외 할 것 없이 온갖 식물이 정글을 이루며 벽면과 테라스 공간을 채우는 아파트와 호텔, 빌딩이 속속 등장하고 있다. 세계 7대 불가사의 중 하나로 기원전 6~7세기경 만들어졌다고 여기는 바빌론의 공중 정원이 현실 세계에 구현되고 있는 것이다.

지구 전체 면적의 3퍼센트를 차지하는 도시 지역에 전 세계 인구의 55퍼센트가 거주하고 있는 현실 속에서, 앞으로도 급진적 개발과 도시화를 피할 수 없다면 생물 다양성을 기반으로 한 도시의 정글화와 가드닝 문화의 본격 확산이 필요한 시점이다.

이 책은 도시의 자투리 정원에서 수목원과 식물원, 국내외 정원 박람회까지, 전 세계적으로 현대인의 삶 속에서 점점 더 중요한 공간이자 문화로 자리 잡고 있는 '정원'을 과거와 현재, 미래에 걸쳐 폭넓게 이해할 수 있도록 안내하고자 한다. 〈조선일보〉에 연재되었던 '박원순의 도시의 정원사' 칼럼을 재구성하고, 내용을 한층 더 풍성하게 보완하여 엮었다.

1장 '인간에게는 왜 정원이 필요한가'에서는 정원이 처음 탄생한 배경을 알아보고, 사랑의 증표 혹은 정치적 도구 등 그

동안 인류가 정원을 필요로 해왔던 사연을 살펴본다.

2장 '정원의 미학'에서는 정원이 우리에게 아름다움과 경이로움, 편안함을 선사하는 구체적 메커니즘과 사례를 다룬다. 또한 땅과 식물을 예술의 재료이자 도구로 삼는 정원사, 조경가, 건축가, 예술가들의 이야기도 함께 전한다.

3장 '도시, 정원을 만들다'에서는 도시민을 위한 중요한 공간으로 자리 잡은 정원의 역사와 다양한 의미, 유형을 소개한다. 남녀노소, 장애인, 취약계층을 포함한 모두를 위한 정원의 필요성을 확인해본다.

4장 '정원, 도시를 품다'에서는 기후 위기와 탄소 중립, 그리고 급속도로 발전하는 AI 시대를 맞아 정원의 역할이 더욱 중요해지는 이유를 고찰한다. 국가 정원과 스마트 정원, 로봇이 가꾸는 정원까지, 미래 정원의 모습과 나아갈 방향을 그려본다.

이 책은 무엇보다 "인간은 손바닥만 한 정원이라도 가져야 한다"는 믿음을 널리 전하고자 한다. 한 세기 전, 체코의 정원사이자 작가였던 카렐 차페크Karel Čapek가 남긴 이 말은 지금 우리 시대에 더욱 선명하고 깊은 울림을 주며, 오히려 지금이야말로 가장 시의적절하게 다가온다.

정원에 관심 있는 모든 이들 그리고 앞으로 정원이 제2, 제3의 인생 콘텐츠가 될지도 모르는 이들에게, 이 책이 작은 씨앗이 되어 바쁜 일상의 삶 속 어딘가에서 조용히 싹트기를 바란다.

1장

인간에게는 왜
정원이 필요한가

 # 정원의 탄생

이야기를 풀어 나가기에 앞서 정원의 개념에 대해 짚어보자. 정원의 사전적 의미는 '집 안에 가꾼 뜰이나 꽃밭'을 뜻한다. 우리나라에서는 한자어로, '정庭' 자는 '뜰'이나 '집 앞의 평평한 공간'을 의미하고, '원園' 자는 동산, 즉 집의 정원에 딸린 작은 산이나 숲을 뜻한다. 사방이 '입 구口' 자로 둘러싸여 있어 울타리처럼 경계를 이루고 있다는 의미를 내포하고 있다. 옛날 우리 전통 정원은 '원림園林'의 개념이었는데, 이는 수풀 '림林' 자를 함께 써서 집 주변의 숲을 더 강조한 정원을 의미한다.

영어로 정원은 '가든garden'인데, 어원은 그리스어로 울타리를 뜻하는 '간gan'과 즐거움을 의미하는 '오덴oden'이 합쳐진 말이다. 울타리로 둘러싸인 즐거운 공간이라는 뜻이다. 유사한 의미로 '파라다이스paradise'가 있다. 이 단어의 어원은 페르시아어

1490~1500년경 히에로니무스 보스Hieronymus Bosch가 그린 〈세속적인 쾌락의 정원The Garden of Earthly Delights〉. 아담과 이브를 포함한 인간의 욕망과 천상의 낙원을 상징적으로 표현한 그림이다.

19세기 찰스 치피에즈Charles Chipiez가 그린 고대 페르시아 다리우스 1세 궁전의 정원으로, '파라다이스Paradise' 개념의 기원을 보여주는 작품이다.

'파이리다에자pairidaeza'로, 역시 '둘러싸인 정원'을 뜻한다. 중세 유럽에서 많이 쓰였던 '호르투스 콘클루수스hortus conclusus'라는 표현도 어원이 비슷하다. 이는 성경의 〈아가서〉에서 유래한 라틴어로 '닫힌 정원'을 의미하며, 성모 마리아의 순결함을 상징하는 종교적 의미를 담고 있다. 정리하자면, 정원의 원래 의미는 동서양을 막론하고 사람이 사는 곳을 중심으로 울타리 혹은 숲으로 둘러싸인 공간에 식물을 키우며 즐거움을 얻는다는 뜻을 담고 있다.

하지만 인간의 역사 속에서 정원은 점차 구체적인 목적을 띤 공간으로 발전하며, 식물원, 수목원, 공원 등 다양한 형태와 종류로 분화하게 되었다. 그 속성은 같지만 정원의 모습과 이름이 다르다 보니 혼란을 주기도 한다. 먼저, 가장 큰 개념은 '정원'이다. 앞서 이야기한 정의처럼, 정원은 인간이 식물을 관리하는 공간이라는 측면에서 모든 개념을 아우를 수 있다.

현대 도시 사회에서는 '공원公園'이라는 개념도 함께 생각해 볼 수 있다. 공원은 일반 대중의 여가를 위해 마련된 유원지나 동산을 의미한다. 영어 단어 '파크park'는 고대 프랑스어 '파크parc'에서 유래되었는데, 이는 원래 왕족이나 귀족의 레크리에이션 또는 사냥을 위해 넓은 토지를 울타리로 둘러싸고 관리하던 공간을 뜻하는 말이었다. 하지만 산업혁명과 도시화가 진행되면서 공원은 대중들의 휴식과 여가를 위한 공간으로 전환되었다. 런던의 하이드 파크Hyde Park 같은 공원이 그런 예이다.

역사적으로 정원이 약초원 등 수집원으로 발전하며 '식물원'이라는 개념이 등장했다. 식물원을 이해하기 위해서는 과학적·학술적 접근이 필요하다. 식물원은 전문가와 시설을 갖추고, 식물 자원을 체계적으로 수집, 증식, 재배, 연구, 전시, 교육하는 활동이 이루어지는 정원이기 때문이다. 영어로는 '보태니컬 가든botanical garden' 또는 '보태닉 가든botanic garden'이라 부른다. '보태니컬botanical'의 어원은 그리스어 '보타니코스botanikos'로, '식물에 관한'을 의미한다.

식물원은 18세기 스웨덴 생물학자 린네Linnaeus가 정립한 분류학과 명명법에 따라 제정된 학명으로 정확히 식물의 이름

1842년 A. 토시니A. Tosini가 그린 이탈리아 〈파도바 식물원Padua Botanical Garden〉. 1545년 설립된 세계 최초의 식물원을 묘사했다.

을 표기하여 관리한다. 또한 각각의 식물이 정확히 언제 어디서 도입되었고, 어떻게 관리되고 증식되었는지 등에 대한 이력 관리 기록을 보유하고 있다. 무엇보다 이러한 업무를 담당하는 식물 전문 큐레이터와 식물 정보 기록 담당자가 있다. 식물원에 수집된 식물들도 엄연히 살아 있는 컬렉션living collection이기 때문에, 미술관, 박물관과 마찬가지로 식물원에도 큐레이터가 있다. 그리고 이것이 오늘날 식물원이 일반적인 정원이나 공원과 가장 큰 차이점이라 할 수 있다.

국제식물원보전연맹Botanic Gardens Conservation International, BGCI에서 정의하는 식물원의 정의는 다음과 같다. "식물원은 과학 연구·보전·전시 및 교육을 목적으로, 살아 있는 식물 컬렉션의 문서화된 기록을 보유한 기관이다."

현재 전 세계 식물원은 150개 국가에 걸쳐 약 3,000개로 추정되며, 연간 7억 5,000만 명의 관람객을 유치하고 있다. 3년에 한 번 전 세계 식물원 관계자들이 모여 세계식물원총회Global Botanic Garden Congress를 개최한다. 2024년 싱가포르에서 열린 식물원 총회에는 73개국 200개 식물원에서 900명이 참석했다.

수목원은 식물원과 유사하지만, 특별히 나무를 중심으로 수집·보전·관리에 중점을 두고 있다. 수목원은 영어로 '아보리텀arboretum'이라고 하며, 어원은 라틴어 '아르보르arbor'로, '나무'를 뜻한다. 1833년 영국의 조경가이자 작가였던 존 클라우디우스 루던John Claudius Loudon(1783~1843)은 자신이 창간한 〈가드너스 매거진The Gardener's Magazine〉이라는 잡지를 통해 '아보리텀'이라는 용어를 처음 사용했다. 수목원은 보통 식물원처럼 독립된 기관으로 설립된다. 하지만 더 큰 정원이나 식물원, 공원의 일부 구역으로 특정 나무 종류에 특화된 정원으로 조성되기도 했다. 예를 들어, 파이네텀pinetum(침엽수 종류), 살리세텀salicetum(버드나무 종류), 포풀레텀populetum(포플러 나무 종류), 쿼르세텀quercetum(참나무 종류)과 같이 특정 수목을 집중적으로 수집·전시하는 형태가 있다.

전 세계적으로 식물원과 수목원은 식물 자원을 체계적으로 보전하고 관리하는 기관으로서 중요한 역할을 해왔다. 특히 급속도로 확산되는 기후변화와 인간 활동, 개발로 인해 멸종 위기에 처한 식물들을 보호하고 생물 다양성을 보전하기 위해, 이들 기관은 서로 네트워크를 형성하여 연합하고 교류하며 발전해 왔다. 미국의 경우, 1940년 미국 수목원 및 식물원 협회American Association of Arboreta and Botanical Gardens가 결성되어 운영되기 시작했다. 이 협회는 수십 년에 걸쳐 꾸준히 회원 수를 늘리며 발전하다가, 2006년부터는 미국 공공정원 협회American Public Garden Association, APGA로 이름을 변경했다. 이는 수목원과 식물원 외에도 미술관, 동물원, 박물관, 대학 캠퍼스 등 다양한 공공 정원의 형태를 아우를 필요성이 제기되었기 때문이다. 그 결과, 현재 약 600개의 공공정원이 운영되고 있으며, 매년 다른 주에서 미국 공공정원 협회 콘퍼런스가 개최되고 있다.

　　식물원, 수목원을 포함한 다양한 정원의 유형과 역할에 대해 전 세계적으로 통용되는 개념은 지금까지 설명한 바와 같다. 하지만 국토의 약 3분의 2가 산림으로 이루어진 우리나라의 경우에는 수목원이 식물원의 역할을 수행해 온 독특한 역사가 있다. 1922년 우리나라 최초의 수목원인 홍릉수목원이 조성되었다. 이곳은 오랫동안 식물 연구와 교육을 위한 공간으로 활용되다가 1993년부터 일반에 부분 개방되었다. 현재는 국립산림

과학원 산하의 홍릉 시험림으로 운영되고 있다. 1987년 경기도 포천시에 조성된 광릉수목원은 1999년 국립수목원으로 승격되면서 자생식물을 비롯한 다양한 식물 자원을 체계적으로 수집·보전·전시하기 시작했다(국립수목원이 자리한 광릉숲은 뛰어난 생물다양성과 가치를 인정받아, 2010년 유네스코 생물권보전지역으로 지정되었다).

2001년에는 전국적으로 수목원을 확대하고 발전시키기 위해, '수목원 조성 및 진흥에 관한 법률'이 제정되었다. 이에 따라 국립수목원, 공립수목원, 사립수목원, 학교수목원 등 다양한 유형의 수목원을 조성할 수 있는 제도적 기반이 마련되었다. 2015년에는 법 적용 범위에 '정원'의 개념까지 추가되었다. 정원은 "식물, 토석, 시설물(조형물을 포함한다) 등을 전시·배치하거나 재배·가꾸기 등을 통하여 지속적인 관리가 이루어지는 공간"으로 정의된다.

2017년에는 산림청 산하 공공기관인 한국수목원관리원이 설립되어 각 기후대별 국립수목원의 조성과 운영을 맡았다. 이후 2021년 한국수목원정원관리원으로 명칭을 변경하고, 우리나라 수목원과 정원 관련 정책과 사업을 본격적으로 수행하고 있다. 현재 국립백두대간수목원(2018년 개원), 국립세종수목원(2020년 개원), 국립한국자생식물원(2022년 개원), 국립정원문화원(2025년 개원)을 운영하고 있으며, 국립새만금수목원도 2027년 완공을 목표로 추진 중이다.

공공 부문과 함께 민간의 역할도 두드러진다. 1989년 식물원연합회로 출발해 2000년 법인 등록한 (사)한국식물원수목원협회는 현재 전국 국·공·사립 식물원·수목원 약 75개 기관을 회원으로 두고 있다. 설립 초기부터 정기적인 세미나와 토론을 통해 식물원·수목원의 발전을 도모해왔는데, 여기에는 오직 식물 보전과 생물 다양성, 생태계 보전의 중요성을 알리고자 헌신해온 수많은 정원사들의 땀과 노력이 있었다. 최근 정원에 대한 국민적 관심이 높아지면서 식물과 정원, 조경 관련 여러 민간 단체와 협회도 늘어나며 정원 문화 확산에 힘을 보태고 있다.

한때 우리나라에서는 '가든garden'이라는 말이 고깃집이나 한정식집 이름에 흔히 쓰이곤 했다. 서양 정원의 고급스럽고 여유로운 이미지를 빌려 특별한 분위기를 어필하려 했을 것이다. 하지만 이제는 이 단어가 본래의 의미대로 널리 쓰이며, 우리나라에도 마침내 정원의 시대가 열리게 되었다.

이제는 양적인 확산을 넘어 내실 있는 발전이 필요한 시점이다. 특히 식물 자원을 더 체계적으로 보전하고 나누며 지역 커뮤니티와 상생할 수 있는 모델이 필요하다. 또한 단순히 관람객이 얼마나 많이 오는지를 성과 지표로 삼기보다, 장기적인 안목에서 지속적으로 발전하며 세계적인 정원들과 어깨를 나란히 할 수 있는 제대로 된 비전과 전략이 마련되어야 한다.

 흙을 어루만지는 손

정원사란 어떤 존재일까 생각해본다. 정원을 가꾸는 사람이라는 사전적 의미를 넘어, 역사적으로 정원사라는 직업은 사회와 문화 속에서 어떤 위치를 차지하며, 어떤 대우를 받아 왔을까? 그리고 오늘날 정원사는 어떤 역할을 하고 있을까?

메소포타미아 문명의 초기, 정원이 형태를 갖추기 시작한 시기에는 대규모 운하나 수로 주변에서 실용적이고 약리학적 가치가 높으며, 정치적·종교적으로 중요한 식물들이 재배되었다. 이집트 파라오 시대에도 마찬가지로 귀한 물을 잘 관리하며 대추야자와 포도, 돌무화과나무, 각종 허브류가 재배되었다. 사실 그 시대 정원사들은 엄청난 노역에 시달렸다. 아침엔 채소밭, 낮에는 과수원, 저녁에는 허브원을 관리하는 일을 수행하며 그들의 어깨와 팔, 다리는 성할 날이 없었음을 기록을 통해 확인

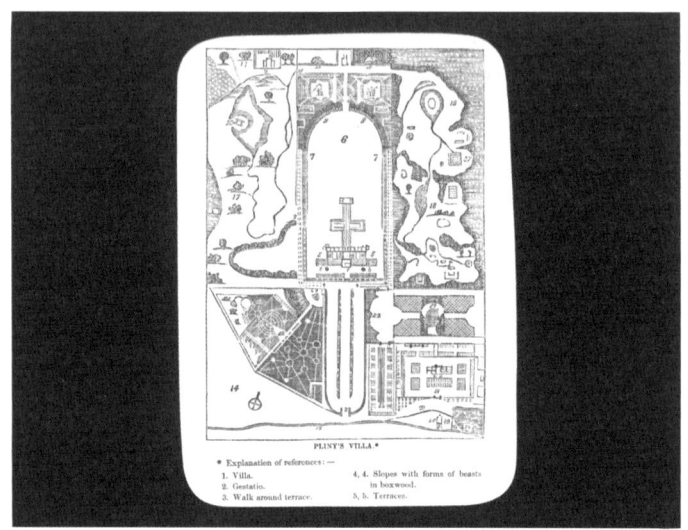

1915년 프랜시스 벤자민 존스턴Frances Benjamin Johnston(1864~1952)이 그린 〈고대 로마 시대 정치가 소 플리니우스의 빌라 복원도Reproduction of Plan Showing Pliny's Villa〉, 미국 의회도서관 소장

할 수 있다.

    하지만 로마 시대에는 정원사의 위상이 높았다. 기원전 1세기, 정치인이자 작가, 철학가였던 키케로Cicero(기원전 106년~기원전 43년)는 정원에 관심이 많았다. 그는 특히 관상적 가치로서 식물의 형태적인 디자인 요소를 중요하게 여겼다. 키케로는 이런 일을 주로 하는 정원사를 '장식 정원사'를 뜻하는 토피아리우스topiarius라고 불렀는데, 이것이 훗날 토피어리topiary(식물의 모양을 다듬어 동물이나 기하학적 모양으로 만든 것) 즉 식물의 모양을 다듬어 동물이나 기하학적 모양으로 만든 것을 뜻하는 단어의

어원이 되었다. 그리스어로 '장소'를 뜻하는 토포스topos라는 말도 토피아리우스topiarius의 어원이다. 로마 시대 정원사는 장소를 아름답게 장식하는 기술자를 뜻했다. 이렇게 식물을 예술적 디자인에 따라 배치하고, 모양을 다듬는 기술을 가진 정원사는 건축가에 필적할 만큼의 대우를 받았다고 한다.

중세 유럽에서는 수도사들이 정원사 역할을 하며 수도원의 식용 및 약용 식물을 관리했다. 이후 르네상스 시기에는 로마 시대의 문화가 부흥하여 정원이 인간 중심의 예술 공간으로 변모하면서, 정원사도 건축·과학·예술적 역량을 갖춘 설계자로서 지위를 얻게 된다. 16세기 네덜란드 카롤루스 클루시우스Carolus Clusius와 같은 식물학자는 식물에 대한 새로운 시각과 정원의 사회적 의미를 확장하면서 정원과 학문을 잇는 중요한 역할을 했다.

17세기 유럽에는 정원사 길드가 조직되었다. 특히 벨기에의 수도 브뤼셀을 비롯해 안트워프, 겐트, 루벤 등 플랑드르 지역에서는 '플로리스트florist'라 불리는 꽃 애호가 협회가 왕성하게 활동했다. 플랑드르는 《플랜더스의 개》라는 작품으로 잘 알려져 있듯 영어로는 '플랜더스Flanders'라고 불린다. 이들을 지켜주는 존재는 성녀 도로테아Saint Dorothea였다. 4세기 로마 제국의 카파도키아Cappadocia(현재의 터키 지역)에서 박해를 받았던 성녀 도로테아는 순교 후 천국의 꽃과 과일을 가져다주었다는 전

1640~1650년 프란시스코 데 수르바란Francisco de Zurbarán(1598~1664)이 그린 〈성녀 도로테아〉, 세비야 미술관 소장. 플랑드르 지역 정원사들의 수호 성인인 성녀 도로테아를 그린 작품으로, 그녀가 순교 후 천국의 꽃과 과일을 가져다주었다는 전설을 담고 있다.

빅토르 질베르Victor Gilbert(1847~1933)가 그린 〈파리의 꽃 시장A Parisian Flower Market〉

설로 인해 꽃과 정원사의 상징이자 영적 보호자가 되었다. 플랑드르Flanders 지역 정원사들은 꽃과 정원 문화를 이끌었다. 특히 '더치Dutch'라고 불렸던 네덜란드인들은 정원사로서 가장 두각을 나타냈다. 17세기 튤립 광풍Tulip Mania을 일으키기도 했던 네덜란드는 오늘날에도 전 세계 화훼 시장의 절반을 책임질 만큼 원예와 정원 문화와 산업의 중심지로 남아 있다. 꽃을 사랑하는 튀르키예인들의 나라, 18세기 오스만 제국에도 역시 정원사들의 길드가 있었다. 이들은 주로 황실의 정원을 유지하고 꾸미는 데 중요한 역할을 맡았다.

오늘날 정원사에 대한 인식은 크게 달라졌다. 십수 년 전만 해도 우리나라에 정원사라는 직업은 잘 알려져 있지 않았다. 그저 정원에서 꽃을 심고 물을 주며, 잔디를 깎거나, 가지치기와 잡초 제거를 하는 사람 정도로 여겼다. 그러나 이제 정원사는 단순히 정원을 관리하는 차원을 넘어, 다양한 역할을 수행하는 전문가 그룹으로 확장되었다. 식물을 가꾸고 식물을 매개로 일한다는 정원사의 본질은 같지만, 급변하는 환경 변화 속에서 정원사에게 요구되는 역할이 점점 더 다양해지고 있는 것이다.

예를 들어, 최근에는 전 세계적으로 도시의 삭막한 공간을 푸르게 바꾸고, 옥상이나 커뮤니티 가든 같은 녹지 공간을 기획하고 조성·관리하는 '도시 정원사urban gardener'라는 개념이 부각되고 있다. 또한 정원을 다양한 생물이 어우러진 작은 생태계로 바라보며, 토종 식물을 심고 곤충과 새가 찾아드는 환경을 만드는 '생태 정원사ecological gardener'의 역할도 중요하게 여겨진다. 아울러 정원을 통해 사람들에게 치유와 회복을 제공하는 '치유 정원사healing gardener' 역시 '원예 치료horticultural therapy'와 함께 주목받는 전문 분야다.

정원의 성격에 따라서는 '자연주의 정원사naturalistic gardener', 주로 실내 공간을 식물로 연출하는 플랜테리어를 전문으로 하는 '실내 정원사interior gardener' 그리고 정원 박람회나 축제에서 전시 정원을 기획·연출하는 '축제 정원사festival gardener' 등으로 활동 영역을 나눌 수도 있다.

정원은 또한 예술의 무대이기도 하다. 아티스트로서 정원 디자이너garden designer/artist'는 우리나라에서 '정원 작가'라고도 불리는데, 땅이라는 도화지 위에 다양한 색과 질감, 크기의 식물과 예술적 오브제를 배치해 입체적인 작품을 창조한다. 이들에게 정원은 단순한 자연 공간이 아니라 하나의 예술 작품이며, 이를 설계하고 조형하는 정원사는 고유한 창작자다. 역량 있는 정원 디자이너는 국가를 대표하는 홍보대사가 되기도 한다. 예컨대 우리나라의 황지해 작가는 영국 왕립원예학회RHS, Royal Horticultural Society가 주관하는 첼시 플라워쇼에서 작품을 선보이고 수상하며 한국의 정원 문화를 세계에 알렸다. 앞으로 K-팝, K-드라마처럼 K-가든 역시 전 세계인들에게 더 널리 알려지고 사랑받기를 기대해본다.

현재 많은 정원사들이 전국의 수목원과 식물원 그리고 다양한 형태의 정원에 소속되어 정원을 가꾸고 있다. 일부 정원사들은 숲해설가나 유아숲지도사, 산림치유지도사와 같은 자격을 갖추고 교육 현장에서 활동한다. 한편, 정원사와 구별되는 개념으로 '원예가horticulturist'가 있다. 원예가는 식물의 번식과 재배, 새로운 품종 육성에 특화된 전문가로, 종묘회사나 육종회사뿐 아니라 대학과 연구기관에서 연구 활동을 하고, 직접 농장을 운영하기도 한다.

어떤 정원사들은 단순한 식물 관리자가 아니라, 과학적 지식을 바탕으로 식물 생태계를 보전하는 일에도 깊이 관여한다. 식물이 살아가는 곳을 '서식지棲息地'라고 하는데, 급격한 기후 변화와 도시 개발로 서식지가 빠르게 사라지면서, 서식지 외에서 식물을 보전해야 할 필요성이 시급해지고 있기 때문이다. '서식지 외 보전Ex situ couservation'이란, 말 그대로 자생지나 서식지에서 보전이 어려운 야생 생물을 서식지 외, 즉 수목원이나 식물원 같은 시설에서 재배하고 증식하여 보전하는 것을 말한다.

이처럼 중요한 식물들의 보금자리인 정원은 휴식과 관람의 공간에 머무르지 않고, 보다 나은 생태와 환경을 위한 살아 있는 실험장이 되고 있다. 이에 따라 정원사는 생물 다양성을 고려한 정원 설계, 지속 가능한 토양과 물 관리 그리고 기후 변화 대응이라는 새로운 과제에 직면해 있다. 특히 기후 변화에 적응력이 높은 식물을 발굴해 전시하고 관리하는 역할이 앞으로 더욱 중요해질 것이다.

분명 정원사의 위상은 과거와 비교할 수 없을 만큼 높아졌다. 하지만 직업군으로서 더 확고히 자리잡기 위해서는 더 많은 일자리 창출과 함께 근무 여건, 직업 안정성, 급여와 복지 등 현실적으로 풀어야 할 과제가 많다. 그럼에도 불구하고 정원은 현재와 미래 사회의 중요한 자원이며, 정원사는 그 변화를 이끌어갈 자랑스러운 직업으로 자리매김할 것이다.

 사랑에 대한 완벽한 메타포

정원은 단순히 아름다운 식물들이 자라는 장소 그 이상이다. 정원은 특별한 사랑의 의미를 담은 로맨틱한 무대가 될 수 있다. 싱그러운 초록 잎들과 온갖 좋은 느낌을 주는 꽃, 그리고 향기로 가득한 정원은 사랑을 고백하기에 더없이 좋은 배경이다. 사랑과 정원은 공통점이 있다. 사랑은 정원을 가꾸는 과정처럼 헌신과 돌봄 속에서 정성스러운 손길을 거치며 더욱 깊게 무르익는다. 정원 또한 세심한 보살핌 속에서 아름답게 완성된다. 따라서 정원은 사랑을 표현하는 완벽한 메타포metaphor(은유)가 된다.

정원에 아름답게 핀 꽃을 보며 사랑을 읊은 사연은 얼마나 많은가. 장미, 재스민, 라벤더, 작약, 치자꽃처럼 사랑을 상징하는 수많은 꽃들이 이야기와 그림, 시와 노래 속에 영원히 새겨져 있다.

사랑하는 사람을 위해 정원을 만든 대표적인 사례로는 바빌론의 공중정원Hanging Gardens of Babylon이 있다. 기원전 6세기 네부카드네자르 2세Nebuchadnezzar II 왕이 아미티스Amyitis 왕비를 위해 만든 정원으로 알려져 있다. 결혼 전 아미티스 왕비가 살았던 메디아(지금의 이란 하마단)는 다양한 식물들과 함께 자연 풍광이 아름다운 고원 지대였다. 하지만 그로부터 900킬로미터나 떨어진 바빌론(지금의 이라크 바빌)은 매우 덥고 메마른 곳으로, 그녀에게는 낯설고 힘든 환경이었다.

왕비의 향수병과 우울을 달래기 위해, 네부카드네자르는

19세기 독일의 화가 페르디난트 크나프Ferdinand Knab(1834~1902)의 연작 '세계 7대 불가사의' 중 한 작품으로 1886년에 그려진 〈바빌론의 공중정원〉

메디아의 산악 지형과 풍경을 재현한 공중정원을 조성했다. 대규모 테라스를 층층이 쌓고 아미티스의 고향 분위기를 느낄 수 있는 식물을 심어 그녀가 마음의 안정을 느낄 수 있도록 배려한 것이다. 세계 7대 불가사의 중 하나인 공중정원은 이렇게 사랑 때문에 생겨난 특별한 정원이었다는 이야기가 전해진다. 사랑은 사람의 생각으로는 도저히 미루어 헤아릴 수 없는 일을 가능하게 하는 마법을 지닌 것일까?

전 세계적으로 유명한 인도의 타지마할Taj Mahal도 사랑에 얽힌 특별한 사연을 지닌 정원이다. 17세기 중반, 샤 자한Shah Jahan 황제는 사랑하는 아내 뭄타즈 마할Mumtaz Mahal의 죽음을 기리며 20년이 넘는 세월 동안 대리석 무덤 건축물과 정원을 만

17세기에 그려진 〈샤 자한〉　　　〈뭄타즈 마할〉

타지마할은 17세기 인도의 샤 자한 황제가 아내의 죽음을 기리며 만든 영원한 사랑의 정원이다.

들었다. '타지마할'이라는 이름 역시 그녀의 이름에서 따온 것이다.

타지마할은 정원 구역을 사등분으로 나누는 사분 정원chahar bagh이라는 페르시아 전통 디자인을 기반으로, 천상의 아름다움을 지상에 구현하고자 했다. 정원을 가로지르는 수로에 비친 타지마할은 신비롭고 영적인 분위기를 자아낸다. 그러나 샤 자한은 왕위를 찬탈한 아들에 의해 아그라 요새에 유폐되어, 남은 생애 동안 창문 너머로 타지마할을 바라보며 지내다 생을 마감한 비운의 황제였다. 그럼에도 불구하고, 타지마할은 여전히 그의 사랑하는 아내를 기리는 영원한 사랑의 정원으로 남아 있다.

사랑의 정원에 대한 상징성과 이미지는 수많은 문학과 그림 작품에도 등장한다. 예를 들어, 중세 문학의 걸작인, 13세기 프랑스 시인 기욤 드 로리스Guillaume de Lorris의《장미 이야기Le Roman de la Rose》가 있다. 이 작품은 아름다운 정원을 배경으로 사랑의 대상인 '장미'를 찾아가는 꿈속 여정을 비유적으로 묘사한다. 이야기 속에서 정원은 사랑의 이상향을 상징하며, 작품 전체에 낭만적이고 서정적인 분위기를 더한다. 15세기 이탈리아 베니스에서 활동한 안토니오 비바리니Antonio Vivarini가 그린 〈사랑의 정원The Garden of Love〉 역시 장미꽃으로 둘러싸인 이상적인 정원의 모습을 보여준다.

르네상스 시대를 거치며 정교하게 설계된 미로와 분수, 잘 다듬어진 나무들과 함께 발전한 유럽의 정원들은 빅토리아 시대에 이르러 로맨틱한 분위기가 절정을 이루었다. 생울타리로 둘러싸인 아름다운 정원은 사랑의 신비로움을 더하며 수많은 러브 스토리의 배경이 되었다. 예를 들어, 19세기 초반 제인 오스틴Jane Austen의 소설《오만과 편견》에서 영국 시골 마을의 아름다운 정원은 주인공 엘리자베스와 다아시의 갈등과 사랑이 펼쳐지는 중요한 배경으로 등장한다.

아침 햇살에 반짝이는 이슬 맺힌 꽃들 사이를 거닐고, 향기로운 장미 덤불 앞에서 발길을 멈추며, 잔잔히 물결이 퍼지는 연못을 바라보는 순간 등 정원은 연인들이 서로에 대한 사랑을 끊임없이 확인하며 밀당하는 시공간이 된다.

19세기 영국의 해링턴 백작Earl of Harrington은 엘바스턴 캐슬 정원Elvaston Castle Garden에 온갖 크기와 종류의 침엽수를 수집하여 일련의 연극 무대와 같은 환상적인 극장식 정원을 만들었다. 그는 이 정원을 통해, 배우였던 연인과의 결혼을 위해 상류 사회로부터 쫓겨나면서까지 이루고자 했던 기사도적인 사랑 이야기를 전하고자 했다.

정원에서 보내는 시간은 사랑의 감정을 일깨우는 데 긍정적인 영향을 준다. 사랑을 고백하거나 프러포즈하기에 정원만큼 완벽한 장소가 또 있을까? 영화 〈노팅힐〉에서 윌리엄과 애나가 정원 벤치에 앉아 마침내 서로의 사랑을 확인하는 로맨틱한 장면은 쉽게 잊히지 않는다. 정원에서 야외 결혼식을 올린 커플들에 대한 기억이 그 아름다운 정원의 향기로운 이미지와 함께 더욱더 인상적인 추억으로 남는 것도 같은 이유일 것이다.

정원은 단순히 아름다운 공간을 넘어 사랑이 싹트고 자라는 특별한 장소다. 진정한 사랑으로 빚어진 정원은 그 자체로 많은 사람들에게 특별한 감동을 선사하며, 시간을 초월한 사랑의 이야기를 전하는 상징으로 자리 잡는다. 정원을 만들 땐 사랑하는 사람들을 떠올린다. 그 정원을 보며 기뻐하고 행복해할 사람들의 얼굴을 떠올리며 하나하나의 꽃을 심을 때 흐르는 땀방울은 그대로 정원의 흙속에 떨어져 그 어떤 양분도 대체할 수 없는 생명의 양분이 된다. 정원사의 정성과 마음이 전해진 꽃은 그렇지 않은 꽃과 차이가 있다.

　헬렌 켈러Helen Keller(1880~1968)가 남긴 다음과 같은 말이 사랑과 정원의 의미를 잘 함축하고 있다. "사랑은 만질 수 없지만, 그 향기로 정원을 기쁨의 장소로 만드는 아름다운 꽃과 같다."

 # 권력자가 꿈꾼 이상향

과거 막강한 권력을 지닌 사람들은 자신이 세상을 통치할 수 있다는 야망과 의지를 표출하기 위해 정원이 필요했다. 특히 바로크 시대 유럽에서는 정원이 절대 왕권을 상징하는 무대였다. 대표적인 예가 프랑스 루이 14세의 베르사유 궁전Palais de Versailles 정원이다. 왕권의 절대성을 신으로부터 부여받은 것이라 주장하는 왕권신수설을 강력히 신봉했던 루이 14세는 정원사 앙드레 르 노트르André Le Nôtre에게 특별한 임무를 부여했다. 궁전 발코니에서 내려다보았을 때 완벽한 구도와 시각적 질서를 갖춘 정원을 만들라는 것이었다. 절대 권력을 지닌 태양왕으로서, 그는 세상을 통치하고 우주의 질서까지도 지배하고자 하는 야망을 끝도 안 보일 만큼 광대한 정원에 담고자 했던 것이다.

파리의 정원사 집안에서 태어나 어린 시절 수학과 회화, 건축을 배우고 훗날 왕실의 모든 정원을 담당했던 정원사 르 노트르에게 이 일은 숙명과도 같은 것이었다. 이보다 앞서 그는 당시 재무장관 니콜라스 푸케Nicolas Fouquet의 의뢰를 받아 보르비콩트Vaux-le-vicomte 정원이라는 걸작을 만들기도 했는데, 루이 14세는 그 정원의 개원식에 참석한 지 얼마 후 푸케를 감옥에 가두고 르 노트르와 다른 건축가, 장식가를 데려다가 1661년부터 약 40년간 베르사유 정원을 만들도록 했다. 다른 정치적 이슈도 있었겠지만 자신도 아직 갖지 못한 완벽한 정원을 먼저 만든 푸케에 대한 일종의 괘씸죄가 적용되었을지 모른다.

그도 그럴 것이 당시 유럽 사회에서 정원은 단순한 휴식 공간이 아니라 권력과 계급을 시각적으로 드러내는 상징이었다. 예를 들어, 공작Duke과 같은 상위 귀족들은 수백 헥타르 규모의 정원을 소유할 수 있었고, 백작Earl이나 자작Viscount과 같은 하위 귀족들은 수십 헥타르 정도의 정원을 가지고 있었다.

아무튼 보르비콩트, 베르사유 등 당시 르 노트르가 설계한 정형식 정원은 중심축을 중심으로 하는 한 치의 오차 없는 기하학적 대칭과 시선을 무한대로 이끄는 원근법이 특징이다. 베르사유 정원의 경우 왕의 발코니가 있는 궁전의 정중앙부로부터 앞쪽으로 길게 한눈에 보이는 2.4킬로미터에 달하는 중심축이 조성되었다. 그중 1.7킬로미터 구간에는 대운하가 자리하고 있다. 방향으로 보자면 동쪽에서 서쪽으로 뻗어 나간 것인데, 태양

1장　　　　　　　　　인간에게는 왜 정원이 필요한가

피에르 파텔Pierre Patel(1605~1676), 〈베르사유 궁전과 정원의 전망 View of the Château de Versailles and the Gardens from the Avenue de Paris〉, 1668년, 베르사유 박물관 소장. 루이 14세의 권력을 상징하는 기하학적 정원과 궁전의 모습을 담고 있다.

왕 루이 14세를 상징하는 태양의 움직임을 따른 것이다. 그리고 대운하의 중간쯤에는 중심축과 교차하며 십자 형태를 이루는 남북 방향의 측면 운하가 1킬로미터 길이로 조성되어 있다. 운하가 교차하는 지점에는 거대한 예술 작품처럼 보이는 분수 연못이 조성되어 있다. 그리스 신화에 등장하는 태양신 아폴로가 전차를 모는 장면을 형상화한 조각상이 주인공이다. 당연히 태양왕 루이 14세를 상징하는 것이다. 이 연못으로부터 방사상으로 베르사유의 광활한 정원이 뻗어 나간다. 이 대운하는 왕실의 호화로운 축제 동안 불꽃놀이와 음악 축제의 무대가 되기도 했다.

엄청난 규모의 베르사유 부지는 전반적으로 물이 매우 부족했다. 이에 루이 14세는 수 킬로미터 떨어진 센 강에 당시 세계 최대 규모의 거대한 수력 펌프 시설을 설치하고, 수로를 통해 강물을 베르사유로 끌어왔다. 신으로부터 통치력을 부여받았다고 믿었던 그는 생명의 근원인 물까지도 자신의 의지대로 다스리려 했던 것이다.

전체적으로 르 노트르가 설계한 베르사유 정원 디자인은 데카르트Descartes(1596~1650)의 해석 기하학을 기반으로 한다. 세상은 측정 가능하며, 공간은 끝없이 나눌 수 있고, 모든 움직임은 직선으로 설명될 수 있다. 따라서 공간은 마치 규칙적으로 배열된 격자처럼 모든 것을 그 평면 위에 배치할 수 있다는 것이다. 국왕의 체계적인 통치가 큰 덩어리로부터 무한대로 작아져 아주 작은 곳까지도 미친다는 것을 표현하기에 이보다 더 근사한 과학적 법칙이 있을까? 끝도 없이 펼쳐진 정원이 한눈에 내려다보이는 궁전 발코니에서 루이 14세는 어떤 생각을 했을까? 이 아름다운 정원처럼 세상도 자신의 통치로 질서 정연하게 자리 잡고 국왕인 자신의 권력이 세상 곳곳까지 미치길 꿈꾸었을지 모른다. 루이 14세는 〈베르사유 정원 관람 방법Manière de montrer les jardins de Versailles〉이라는 안내서를 집필하여 보급할 정도로 이 정원의 아름다움과 질서를 널리 전파하고자 했다.

서양뿐 아니라 중국에서도 정원은 황제의 절대 권력을 상징하는 중요한 요소였다. 기원전 3세기 불로장생과 영원한 통치를 꿈꾸었던 진시황제는 통일된 중국을 만들기 위해 상상을 초월하는 규모의 궁전과 정원을 만들었다. 그는 중앙집권의 상징인 장엄한 아방궁을 짓기 시작했다. 주변에는 전설 속 신선들의 산을 모방한 인공섬과 호수, 8개의 강과 다양한 동식물로 구성된 드넓은 상림원上林苑이라는 정원을 만들어 자신의 절대적인 권력을 드러내고자 했다.

이후 중국의 여러 황실에서도 권력을 상징적으로 보여주는 대규모 정원을 만들었다. 청나라 말기 서태후西太后(1835~1908)의 이화원頤和園이 대표적인 예다. 이화원은 원래 18세기 중반 건륭제乾隆帝가 '청의원淸漪園'이라는 이름으로 조성했으나, 19세

롤프 뮐러Rolf Müller가 2005년 촬영한 이화원의 석방. 대리석으로 만들어진 배 모양의 정자로, 청나라 서태후 시대의 황실 권력과 사치를 상징한다.
©Rolf Müller, CC BY-SA 3.0, Wikimedia Commons

기 중반 아편전쟁으로 심하게 파손되었다. 19세기 후반 서태후는 대규모 토목 공사를 벌여 이곳을 복원하고 확장하여 황실의 여름 별궁으로 사용했다. 몸과 마음을 편안하게 쉬게 하고 평화와 조화를 누리는 정원이라는 뜻의 '이화원頤和園'이라는 이름도 이때 지어졌다. 당시 서태후가 만든 정원 시설 가운데 물 위에 떠 있는 배 모양의 석방石舫이라는 건축물이 인상적이다. 황실 권력의 안정성과 변치 않는 영속성을 상징하기 위해 돌로 만들어졌는데, 해군 예산이 전용되었다는 비판과 함께 청나라 말기 황실의 부패와 사치를 드러내는 상징으로 회자되기도 한다.

결국 동서양을 막론하고, 과거 권력가와 통치자들에게 정원은 단순한 자연 공간이 아니라 자신들의 권력과 이상, 야망을 시각적으로 드러내는 상징이었다. 서로 다른 문화적 배경 속에서 정원이 만들어졌지만, 모두 자연을 통제하고 인간의 의지로 재창조하며 절대 권력을 시각적으로 구현하고자 했다는 공통점을 가진다. 이러한 정원들은 단순히 압도적인 규모감이 주는 장엄함을 넘어, 당시 사회의 정치적·철학적·문화적 가치관을 담고 있는 중요한 역사적 유산으로 오늘날까지도 우리에게 깊은 인상을 남기고 있다.

 에덴동산에서 무릉도원까지

모태 천주교 신자인 나는 한때 신학대학교 교직원으로 일한 적이 있었다. 새로운 사제들을 양성하는 교육과 영성 생활을 위한 그 캠퍼스는 일반인들의 출입이 제한된 장소였다. 신부님과 수녀님, 학사님 그리고 교직원들이 캠퍼스 구성원의 전부였다. 100년이 넘는 역사를 지닌 교정에는 고풍스러운 건물들과 나무들, 크고 작은 정원과 연못이 언제나 고요하면서도 거룩한 평화로움을 아름답게 간직하고 있었다.

사실, 정원은 종교와 인연이 깊다. 여러 종교에서 이상향으로 그려지는 천국 혹은 파라다이스는 대부분 아름다운 정원으로 묘사된다. 특히, 성경 속 에덴동산은 온갖 나무가 아름답게 자라 풍성한 열매를 맺는 이상적인 정원으로 그려진다. 중심에는 생명나무와 선악을 알게 하는 나무가 자리하며, 네 갈래로 나뉜 강이 흐른다. 에덴동산은 다양한 식물이 조화를 이루며 생명의 풍요로움을 보여주는 완벽한 정원의 모델이다.

성경에 등장하는 식물도 120종이 넘는다. 포도나무는 축복과 구원의 상징이며, 감람나무(올리브나무)와 무화과나무는 풍요와 평화를 상징한다. 종려나무(대추야자)는 승리와 영광을, 레바논의 백향목(레바논시다)은 성전 건축에 쓰인 귀한 나무로 기록되어 있다. 또한 유향과 몰약 같은 향료 식물은 예수의 탄생 이야기에서 중요한 역할을 하고, 겨자씨는 믿음의 비유로 사용된다. 성경 속 식물들은 단순한 자연물이 아니라 신앙과 삶, 구원을 상징하는 매개체로서 깊은 영감을 준다.

상상 속 천국의 모습을 현실 세계에 구현한 정원은 사람들이 기도하고 성찰하며 치유받는 특별한 장소로 여겨졌다. 성스러운 장소를 찾아가는 순례의 여정에서도 정원은 잠시 멈춰 쉬며 영혼을 치유하는 공간으로 기능했다. 세계적으로 유명한 성당에는 정원도 아름답게 조성되어 있다.

파리 몽마르트 언덕 위에 있는 150년 역사의 사크레쾨르 대성당Sacré-Cœur Basilica이 좋은 예다. '몽마르트Montmartre'라는 말 자체가 '유명한 성당이 있는 아름다운 언덕'이라는 뜻이다. '성스러운 마음'을 뜻하는 이 성당은 프랑스가 프로이센Prussia과의 전쟁에서 패한 뒤 침체된 국민의 사기를 고양시키기 위해 지어졌다. 성당 앞쪽 경사지에는 사람들이 삼삼오오 걸터앉아

루카스 크라나흐 Lucas Cranach the Elder(1472~1553)의 〈에덴동산 The Garden of Eden〉,
1530년, 게멜더갤러리 소장

1장　　　　　　　　　　인간에게는 왜 정원이 필요한가

휴식을 취하는 계단과 잔디 사면이 있고 아래쪽에는 테라스 광장이 있다. 파리에서 가장 높은 이곳에서 파리 시내를 내려다보는 전경도 인기다. 계단 양옆으로 오르내리는 길이 따로 있는데, 그 주변에 만들어진 정원이 매우 아름답다. 분홍색 꽃을 피우는 거대한 위성류, 플라밍고 색깔 잎이 특징인 삼색참죽나무, 파란색 꽃을 피우는 캘리포니아 라일락, 고대 그리스 신전 기둥머리를 장식했던 아칸투스 등이 매우 인상적이다.

가톨릭 역사와 함께 발전한 교회 정원은 특히 수도원에서 그 원형을 찾아볼 수 있다. 중세 수도원 정원은 담장 안에 조성된 독립적 공간으로, 신앙 공동체의 중심지이자 채소와 약초, 과일나무, 관상식물이 자라는 치유의 장소였다. 수도원장은 교리뿐 아니라 식물학에도 해박했다.

프랑스 부르고뉴 지역에 910년에 설립된 클뤼니 수도원 Cluny Abbey은 중세 유럽의 가장 영향력 있는 수도원 중 하나였다. 베네딕도 수도회 소속으로, 로마네스크 건축의 정수를 보여주는 이 수도원은 약초원과 채소원, 그리고 명상과 기도를 위한 정형식 정원을 갖추었다. 수도사들은 수도원에서 숙식하며 기도와 영적인 평안을 추구했으며, 정원 가꾸는 일을 신앙적 행위로 여겼다. 이 수도원은 단순히 종교적 중심지가 아니라 중세 유럽에서 의료와 약학의 중심지로도 중요한 역할을 했다. 또한, 수도원 내 포도원에서 재배한 포도로 성찬식에 사용할 와인을

(왼쪽)프랑스 부르고뉴 지역에 910년에 설립된 클뤼니 수도원 출처: iStock
(오른쪽)〈클뤼니 수도원 입구The Monastery of Cluny, Entrance to the Abbey〉, 프리츠 밀카우Fritz Milkau(1884~1974) 촬영, 1926~1933년

생산하며, 수도원은 당시 와인 생산의 중심지로도 중요한 역할을 했다.

일본에서는 정원이 선종 불교와 결합되어 고산수枯山水 정원이 탄생했다. 고산수 정원은 나무와 꽃을 거의 사용하지 않고 상징적이고 추상적인 의미를 추구하는 명상과 사색의 정원이다. 돌과 바위를 이용해 산을 표현하고, 자갈을 이용하여 강과 바다를 표현하는 식이다. 단순하지만 심오한 아름다움을 통해 내면을 비우고 자유롭게 사색하는 선종 불교의 '무無'와 명상의 가치를 강조한다.

유네스코 세계 문화 유산으로 500년이 넘는 역사를 지닌 교토 료안지龍安寺는 대표적인 고산수 정원이다. '평화로운 용의 사원'이라는 뜻의 이 정원에는 완전함을 상징하는 15개의 바위가 있는데, 그중 하나의 바위를 보이지 않게 하여 인간의 불완전성을 나타낸다. 이는 인간이 스스로 성찰하며 완전함을 추구해야 한다는 메시지를 담고 있다. 료안지의 승려들은 매일 갈퀴로 자갈을 고르게 긁어 물결을 형상화하는 작업을 수행한다.

꼭 종교를 이야기하지 않더라도 인간의 마음속에는 이상향의 장소가 존재한다. 고대 그리스 신화에서 영혼이 평화를 누리는 장소로 묘사된 엘리시온 평원Elysian Fields, 혹은 동양 설화에서 신선들이 산다고 했던 무릉도원처럼 말이다.

15세기 네덜란드 화가 히에로니무스 보스Hieronymus Bosch(1450~1516)의 작품 〈세속적인 쾌락의 동산The Garden of Earthly Delights〉에서 볼 수 있듯, 인류가 꿈꾸는 에덴동산은 눈앞의 쾌락을 좇는 인간들에 의해 너무나도 쉽게 깨질 수 있는 유리구슬 같은 삶일지도 모른다. 또한, 자연과 환경에 대한 보살핌이 없다면 지옥의 나락으로 떨어질 수 있는 위험천만한 세상이다. 더구나 심각한 기후 위기가 진행되고 있는 지금 이 시대는 우리가 꿈꾸는 에덴동산 같은 정원이 현실 세계에서 아름답게 구현되고 지속될 수 있도록 신앙심에 가까운 마음으로 정원을 보살피는 정성이 필요한 때다.

 사색과 창조, 영감의 원천

　고대 로마의 정치가 키케로는 "정원과 서재를 가지고 있다면 원하는 전부를 가진 것"이라고 말했다. 얼마나 낭만적이고 매혹적인 말인가. 이 두 가지 개념은 우리 삶 속에서 눈과 마음뿐만 아니라, 뇌까지 아름답고 충만하게 만들 수 있는 매우 중요한 요소다. 정원과 서재는 동서양을 막론하고 역사적으로 밀접한 연관성을 지녀왔으며, 오늘날에도 이러한 견해는 유효하다.

　정원은 자연과의 교감을 통해 심신의 안정을 찾고 창의적인 영감을 얻는 장소다. 현실에서 맞닥뜨리는 온갖 감정을 들여다보고 성찰하며 정화시킬 수 있는 공간이기도 하다. 다양한 식물의 모양과 색깔, 질감이 날씨와 계절에 따라 시시각각 변해가는 모습은 우리 안에서 무수히 피어오르는 섬세한 감정들과 자연스럽게 연결된다. 평소에는 감춰져 있어 잘 살피지 못한 마음과 기억을 정원의 식물들에게 투영하면서 하나하나 꺼내어 어루만지다 보면, 자연이 우리에게 건네는 치유의 속삭임을 들을 수 있다.

또한 정원은 로마의 학자 대大 플리니우스Gaius Plinius Secundus(23~79)가 자신의 저서 《자연사Naturalis Historia》에서 묘사한 것처럼, 단순한 식물 재배의 공간을 넘어 지적 사유와 학문적 탐구의 장소이기도 하다. 따라서 정원은 서재와 마찬가지로 철학과 사색, 그리고 발견의 공간이면서, 그 자체가 비일상적 실감 콘텐츠로서 오감을 자극하는 이야기 보물 창고가 될 수 있다.

인간에게 이야기는 왜 중요할까? 미국 영문학자 존 닐John Niles(1948~)이 '호모 내렌스Homo Narrans(이야기하는 인간)'라는 개념으로 소개했듯, 사람은 이야기를 통해 소통하며 발전해왔다. 정원은 특정 인물과 사건에 얽힌 서사뿐 아니라, 시와 소설처럼 특별한 이야기를 담아낼 수 있는 좋은 무대가 된다. 전 세계의 많은 역사적인 정원이 세계사와 인문학의 중심에 자리하는 이유도 여기에 있다.

셰익스피어William Shakespeare(1564~1616)는 다양한 이야기의 배경으로서 정원의 가능성을 누구보다도 잘 활용한 극작가다. 희극 《헛소동》에서는 정원이 다른 사람의 비밀을 엿듣는 장소로, 중요한 사건 발단의 무대가 되는가 하면, 《한여름 밤의 꿈》에서는 등장인물들이 현실과 초자연적 세계의 경계에서 혼란스러운 정체성을 경험하는 흥미진진한 공간이 되기도 한다.

셰익스피어 《한여름밤의 꿈》 속 요정 여왕 티타니아를 그린 존 시몬스John Simmons의 19세기 수채화 〈달빛 아래 잠든 티타니아를 지키는 요정들Titania Sleeping in the Moonlight Protected by Her Fairies〉 출처: 위키피디아

특별한 이야기가 있는 정원은 많은 사람을 불러 모은다. 영국의 시싱허스트 정원Sissinghurst Castle Garden은 작가 비타 색빌웨스트Vita Sackville-West(1892~1962)와 해럴드 니콜슨Harold Nicolson(1886~1968) 부부가 만든 예술적이면서도 낭만적인 정원으로 정평이 나 있다. 여기에 비타와 버지니아 울프Virginia Woolf(1882~1941)의 사랑과 우정에 관한 이야기도 빼놓을 수 없다. 버지니아는 비타를 생각하며 소설《올랜도》를 쓰기도 했는데, 소설 속 주인공은 성별과 시대를 자유롭게 넘나드는 인물로, 비타의 개방적이고 대담한 삶의 태도를 그대로 반영한다. 두 사람의 교류는 정원과 문학이 서로에게 영감을 주는 창조적 공간으로 기능했음을 잘 보여준다.

정원은 그 자체로 이야기를 담아내기도 하지만, 다른 새로운 이야기를 창조하는 영감의 원천이 되기도 한다. 르네상스 시대에는 인간 중심의 사상이 부흥하면서 정원과 서재의 결합이 더욱 두드러졌다. 이탈리아의 시인 프란체스코 페트라르카Francesco Petrarca(1304~1374)는 평온하고 아름다운 자연 경관을 자랑하는 에우가네오 언덕Euganean Hills의 작은 마을에서 시를 쓰고 철학적 사색에 몰두했다. 그는 자연을 통해 인간의 내면을 탐구하고, 이를 문학 작품으로 승화시켰다. 그의 집과 정원은 단순한 생활 공간을 넘어 창작과 사유의 중요한 장소였으며, 그는 직접 가꾼 정원과 채소밭에서 많은 영감을 얻었다. 이러한 자연

영국의 시싱허스트 정원 ©박원순

과의 교감은 그의 대표작 《칸초니에레Canzoniere》와 《나의 비밀Secretum》에 철학적 성찰과 함께 깊이 스며들어 있다.

아서 밀러Arthur Miller(1915~2005), 딜런 토머스Dylan Thomas(1914~1953), 조지 버나드 쇼George Bernard Shaw(1856~1950)를 비롯한 현대의 많은 작가들 역시 정원 안에 집필 작업실을 두고 글쓰기에 몰입했다. 희곡 《피그말리온Pygmalion》의 저자이자 노벨문학상 수상자인 조지 버나드 쇼는 재치 넘치게도 집필실을 회전할 수 있게 만들어 하루 종일 정원이 바라다보이는 창문으로 햇빛이 들어오도록 했다는 일화도 있다.

자연 속에서 사색하며 글을 쓴 작가 중 또 다른 노벨 문학

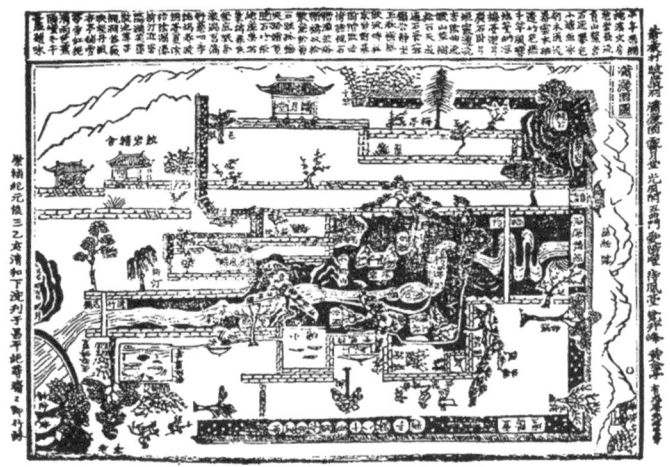

18세기 중반에 제작된 소쇄원도

상 수상자인 헤르만 헤세Hermann Hesse(1877~1962)를 빼놓을 수 없다. 그는 정신적으로 힘든 젊은 시절을 보냈지만, 이후 스위스 몬타뇰라Montagnola의 작은 집 카사 카무치Casa Camuzzi에서 정원을 가꾸며 크나큰 문학적 영감을 얻었다. 그는 손수 식물을 돌보고 자연의 변화를 관찰하며 깊은 깨달음을 얻었으며, 이러한 경험은 그의 대표작《유리알 유희》,《싯다르타》,《나르치스와 골드문트》와 같은 작품에도 잘 녹아 있다. 헤세는 "정원에서 시간을 보내는 것은 곧 영혼을 돌보는 것이다"라고 말할 정도로, 식물을 돌보는 일이 삶과 예술, 철학의 본질과 맞닿아있음을 강조했다.

우리나라에도 이야기가 깃든 전통 정원이 많다. 16세기 조선 중기 대표적인 별서 정원인 담양 소쇄원瀟灑園은 빼어난 자연 속 정원에 깃든 깊고 그윽한 이야기를 품고 있다. 연산군의 폭정에 대한 반발로 반정을 일으킨 중종의 시대, 스승 조광조(1482~1519)가 기묘사화己卯士禍로 숙청을 당하자 그의 제자 양산보(1503~1557)는 정치적 뜻을 버리고 고향으로 돌아와 은거하며 소쇄원 정원을 조성했다. 그는 지인들과 교류하며 이곳을 학문적·정서적 공간으로 삼았다. 그의 사돈이자 학문적 동반자였던 하서 김인후(1510~1560)가 이 정원의 섬세한 아름다움을 48편의 시로 남긴 덕분에, 소쇄원은 자연, 문학, 철학이 어우러진 공간으로 후대에 더 생동감 있게 전해지게 되었다.

조선 후기 대표 실학자로《목민심서牧民心書》등을 저술한 다산 정약용(1762~1836)도 정원과 깊은 인연을 맺었다. 그는 한양 명례방에서 '죽란시사'라는 모임을 꾸려 계절마다 꽃을 즐기고 시와 학문을 나누었다. 1801년 천주교 신앙과 관련된 정치적 탄압이었던 신유박해로 강진으로 유배된 뒤에는 다산초당에서 학문 연구와 글쓰기에 몰두하며 정원을 일궜다. 그의 정원은 자연과 인간의 사유가 공존하는 특별한 공간이었다.

다산은 여러 다른 정원의 아름다움을 기록으로 남기기도 했다. 예컨대 강진의 백운동 원림白雲洞園林을 방문한 뒤에는《백운동기白雲洞記》를 통해 그곳이 "세속의 무릉도원과 같다"고 극

찬하였다. 백운동의 아름다움은 후대 문인과 화가들의 기록에도 잘 정리되어 있다. 이 정원의 열두 가지 경관을 시와 그림으로 엮은 화첩《백운첩白雲帖》에는, 물 위에 술잔을 띄워 풍류를 즐기는 '유상곡수', 바람이 도끼처럼 바위를 깎아낸 틈에 붉은 글씨가 새겨진 '창하벽'과 같은 장면들이 담겨 있다. 다산은 정원으로 들어가는 어귀는 좁아야 하고 높은 암벽을 지나 조금 들어가면 확 트여 눈이 즐거워야 한다고도 했다. 서양 정원에서 좁은 출입구를 통해 다른 차원의 정원으로 들어가는 비밀의 정원 개념이 우리 전통 정원에도 존재했던 셈이다.

　지금까지 이 땅에는 얼마나 아름다운 정원들이 만들어졌을까? 분명한 것은, 오랫동안 후대의 사랑을 받는 정원은 특별한 이야기를 담고 있다는 사실이다. 그렇다면 현대 도시에서 정원을 통해 풀어가야 할 이야기는 무엇일까? 과거의 정원사들이 인간 중심의 관점에서 아름다움과 낭만을 이야기했다면, 이제는 우리와 공존하는 지구 생명체들의 이야기도 함께 다루어야 한다. 그럴 때 정원은 자연의 경이로운 이야기와 치유의 에너지를 더 풍부하게 전해줄 것이다. 이처럼 우리가 평생 추구해야 할 아름다운 정원과 빛나는 이야기들은 삶의 가장 소중하면서도 궁극적인 가치를 일깨워주는 명약이다.

이데올로기의 도구

역사적으로 정원은 재력과 권력의 표상으로 여겨질 만큼 인간 사회에 깊은 영향력을 미쳐왔다. 그렇다면 정원이 정치와 연관된 사례도 있을까? 사람들이 잘 어울려살 수 있도록 규칙을 정하고 문제를 해결하는 일과 정원이 무슨 관련이 있겠냐마는, 흥미롭게도 많은 정치인이 자신들의 정치적 신념을 표출하거나 활동의 방편으로 정원을 활용해왔다.

18세기 영국의 정치인 코범 경Lord Cobham(1675~1749)이 버킹엄셔Buckinghamshire의 스토Stowe에 조성한 정원은 정치적 풍자와 메시지를 담아낸 대표 사례이다. 당시 영국의 정치적 상황은 왕권과 의회 권력이 첨예하게 대립하던 시기로, 의회 중심 정치를 지향하는 휘그당이 권력의 중심에 있었다. 휘그당은 왕권을 견제하고 의회 민주주의를 옹호하며, 자유주의와 개혁을

조지 빅햄George Bickham의 가이드북 《스토의 아름다움The Beauties of Stow》(1756)에 수록된 〈현대 미덕의 사원〉 판화. 왼쪽에 머리 없는 조각상이 보인다.

대표하는 정당이었다. 그러나 내부적으로 권력 집중과 부패 문제가 심화되면서 많은 반발을 낳았다.

휘그당의 주요 인물이었던 코범 경은 당내 갈등과 휘그당 총리 로버트 월폴Robert Walpole(1676~1745)의 독재적 정치에 반발해 정계를 떠났다. 그리고 자신의 정치적 뜻을 정원에 담아내기로 결심했다. 스토 정원은 당시 잉글랜드에 대두되었던 풍경식 정원의 진수를 보여줄 만큼 자연스럽고 아름다운 정원이었지만, 정원 곳곳에 배치된 조각과 건축물은 정치적 메시지 전달의 수단이자 상징이었다. 예를 들어, 〈현대 미덕의 사원Temple of Modern Virtue〉 내부에 설치된 머리 없는 조각상은 로버트 월폴

J. 쿠스J. Couse의 판화, 〈스토 정원의 입구 풍경A View at the Entrance, Stowe〉, 1750년, 18세기 영국의 대표적인 풍경식 정원인 스토 정원

총리를 비롯한 정치적 적들을 '머리(생각) 없는 자들'로 풍자한 것이었으며, 사원 자체도 의도적으로 폐허처럼 조성해 그들의 무능과 타락을 시각적으로 드러냈다.

또한 스토 정원의 중심에는 영국 위인들의 신전Temple of British Worthies이 자리 잡고 있다. 이곳에는 자유와 정의를 옹호한 역사적 인물들의 흉상이 배치되었다. 부패와 권력 남용으로 비판받던 월폴과 휘그당 주류 정치에 경종을 울리고자 한 코범 경의 의도가 담긴 표현이었다. 신전에 배치된 인물들은 코범 경이 지향한 이상 사회와 정치를 구체적으로 드러내는 중요한 상징물이었다. 더불어, 정원의 한 구역에 조성된 엘리시움 들판Elysian Fields과 고대 그리스 및 로마 양식의 건축물은 그가 꿈꿨던 이상 사회를 구현하려는 흔적이다. 엘리시움 들판은 고대 신화에서 영웅들이 안식하는 장소를 본뜬 것으로, '이상적인 정치와 조화'를 상징한다. 전반적으로 스토 정원은 자연과 조화를 이루면서도 그의 정치적 이상과 비판을 은유적으로 표현한 무대였다. 코범 경은 자연 속에 자신의 철학과 신념을 새겨 넣으며 정적들과의 갈등을 예술적으로 풀어냈다. 오늘날 스토 정원은 예전의 정치적 첨예함을 느낄 수 없을 정도로 평화롭고 아름다운 풍경으로 세계적으로 수준 높은 정원 성지가 되어 있다. 다만, 이따금 마주하는 조각상과 건축물은 코범 경의 날카로운 비판의 흔적을 엿보게 한다.

우리나라에서는 역사적으로 정치적 뜻을 적극적으로 표현하기 위해 만든 정원보다는, 시끄러운 세상을 피해 조용히 살고자 한 선비들의 정원이 많았다. 대표적인 예로, 17세기 윤선도尹善道(1587~1671)가 만든 보길도 부용동 원림甫吉島芙蓉洞園林을 들 수 있다. 당시 조선의 정치 상황은 동인東人과 서인西人으로 나뉘어 대립과 반목이 극심했다. 윤선도의 가문은 동인 세력에 속했는데, 역모 사건에 연루되어 탄압을 받았다. 이후 동인이 다시 조정의 실권을 쥐었지만, 인조반정仁祖反正으로 서인이 다시 권력을 장악하며 윤선도는 모함을 당하고 좌천되었다. 결국 그는 벼슬을 버리고 고향인 해남에 은거하다가 보길도甫吉島의 절

전남 보길도 윤선도 부용동 원림의 세연정 ⓒ박원순

경에 매료되어 그곳에 터를 잡고 부용동芙蓉洞 정원을 만들었다. 세연정洗然亭이라는 이름의 정자와 연못을 축조하여 만든 부용동은 '연꽃처럼 고결한 삶과 이상'을 상징하는 곳이었다. 윤선도는 이곳에서 자연을 벗 삼아 학문과 시를 즐겼으며, 〈어부사시사漁父四時詞〉와 같은 명작을 남겼다.

전 세계적으로 정원에 쓰이는 식물들을 두고 이념의 차이와 갈등이 빚어진 역사도 있다. 20세기 초 독일에서는 국수주의, 즉 다른 민족과 국가를 철저히 배척하는 운동이 거세게 일어났다. 그 여파는 정원에도 미쳤다. 자국민이 최고라는 인식으로 식물도 외래 식물이 아닌 독일 자생 식물만 써야 한다는 주장이 나타났다. 건축가 빌리 랑게Willy Lange(1864~1941)가 그 주

막스 바우어Max Baur가 촬영한 독일 포츠담 우정섬 정원, 1928~1944년.
출처: 독일 연방문서보관소German Federal Archives, ©Bundesarchiv, Bild 170-062/Max Baur/CC-BY-SA 3.0 DE

축이었다. 그는 독일 자생 식물의 아름다움과 가치를 강조하며 자연주의 정원을 옹호했다. 그의 작업은 당시 독일 사회의 민족주의적 정서를 반영하고 있었다.

반면, 독일의 육종가이자 정원사였던 칼 푀르스터Karl Förster(1874~1970)는 정원 식물 사용에 대한 이러한 국수주의적 경향에 반기를 들었다. 그는 우리가 먹는 음식도 세계 여러 나라에서 생산된 다양한 식물 재료로 만들어지는 만큼, 정원에 쓰이는 식물도 그러해야 한다고 주장했다. 그는 정원 식물이 외래종과 자생종을 구분짓지 않고 다양성을 포용해야 한다고 역설했다. 그는 세계 여러 나라에서 온 식물들을 도입하며 정원의 아름다움을 확장시켰다. 특히 그가 발굴하여 정원에 도입한 370여 종의 그라스류 식물은 정원 식물 다양성에 기여한 중요한 유산으로 평가받고 있다. 그가 조성한 포츠담의 우정섬 정원 Freundschaftsinsel은 나치 정권 치하에서 만들어졌지만, 이념의 경계를 넘어 오늘날까지 사랑받는 정원으로 남아 있다. 이데올로기를 떠나 영속성을 갖는 정원의 힘을 느낄 수 있다.

정원은 시대와 이념의 영향을 받으면서도, 그 자체로 인간의 감성과 철학을 담아내는 공간으로 존재해왔다. 정치적 풍자와 은둔, 국수주의와 다양성, 자연주의와 형식주의를 아우르는 정원의 역사는 정원이 단순한 미적 공간이 아니라, 사회와 인간의 생각을 반영하는 중요한 문화적 매개체임을 보여준다. 이는 정원이 단순히 이념적 대립의 공간을 넘어, 영속성과 보편적 가치를 가진 공간으로 사랑받아온 이유이기도 하다.

어쩌면 고성과 욕설이 난무하기 쉬운 삭막한 회의실 대신, 초록 잎과 꽃들로 가득한 정원을 배경으로 한다면 정치인들도 지금보다 더 젠틀하고 포용적인 모습을 보일지 모른다. 앞으로 더욱 더 많은 정원이 정치적 뜻을 펼치는 무대이자 대화의 장이 되는 날을 상상해본다.

2장

정원의 미학

 마음이 편안해지는 이유

여러 정원을 방문하다 보면 공통적으로 느끼는 것이 있다. 바로 편안함과 즐거움이다. 분명 정원의 주제, 식물, 디자인 양식이 모두 다름에도 불구하고, 이렇게 공통된 감정을 느끼는 이유가 무엇일까?

특히 정원 디자인은 보통 정원의 주인 혹은 그 정원을 만든 정원사의 개성에 따라 스타일이 드러나기 마련이다. 예를 들어, 다양한 나무와 그라스류, 숙근초, 한해살이풀, 알뿌리 등 여러 식물들을 혼합한 자연스러운 식재 스타일을 좋아하는 사람이 있는 반면, 몬드리안Piet Mondrian(1872~1944)의 그림처럼 식물의 종마다 정확히 구역을 나누어 색깔별로 군락을 이루는 스타일을 선호하는 사람도 있다.

여러 식물이 혼합된 자연주의 정원naturalistic garden은 자칫

자연주의 정원 양식을 보여주는 미국 델라웨어주 윈터투어 가든 Winterthur Garden의 숲속 정원 ⓒ박원순

복잡해보일 수 있지만, 색깔과 질감이 조화롭게 어우러져 자연스러우면서도 예술적인 영감을 얻을 수 있다. 이런 디자인은 계절의 흐름에 따라 일부 꽃이 시들어도 전체적으로 정원을 감상하는 흐름에 크게 방해가 되지 않으며, 오히려 자연스러운 생태적 아름다움을 느낄 수 있다.

반면, 식물 종류별로 명확하게 구분되어 식재된 정형식 정원formal garden은 깔끔하고 정돈된 임팩트를 준다. 또한 질서 정연하고 예측 가능한 레이아웃 덕분에 심리적으로 편안한 안정감을 느낄 수 있다. MBTI로 말하자면, 사고형thinking 성향의 'T'에 해당하는 사람들이 이런 스타일의 정원을 선호할 가능성

미국 델라웨어주 윌밍턴에 위치한 네무어스 가든Nemours Mansion and Gardens의 프랑스식 정형 정원 ⓒ박원순

이 크다. 좀 더 자세히 들여다보자면, 정형식 정원은 내적으로 감춰진 부분보다는 외형적인 모습, 직관보다는 단순한 감각을 통해 인지한다는 것, 감정보다는 이성적 논리를 중시하고, 상황에 맞게 자연스럽게 만들기보다는 철저한 계획을 중시하는 디자인이라는 점에서, 'ENTJ', 즉 '통솔자' 스타일로 비유할 수도 있다.

그러나 이런 스타일의 정원은 몇몇 구역에 꽃이 시들어 있거나 식물 상태가 안 좋으면 옥에 티처럼 바로 표시가 나서 전체적으로 정원을 감상하는 즐거움을 반감시킨다. 또한 너무 인위적인 느낌이 강해서 생태적 미학을 기대하기는 어렵다.

자연주의 정원이든, 정형식 정원이든, 기본적으로 안전하다고 느껴지는 환경은 사람들에게 더 깊은 휴식과 경관 감상의 여유를 제공한다. 여러 스타일의 정원이 주는 다양한 안정감과 편안함에는 과학적 근거가 있는데, 크게 세 가지 유형으로 설명할 수 있다.

첫째, 확 트인 경관을 안전한 곳에서 감상하는 것이다. 영국의 지리학자 제이 애플턴Jay Appleton(1919~2015)의 전망-피난처 이론prospect-refuge theory에 따르면, 사람들은 활짝 개방된 공간(전망)과 숨을 수 있는 공간(피난처)을 모두 제공하는 환경에서 안전하다고 느낀다.

미국의 생태학자 고든 오리언스Gordon Orians(1936~)가 "우리 뇌는 여전히 아프리카 사바나에 살던 시절의 본능을 간직하고 있다"고 말한 견해도 참고할 만하다. 예를 들어, 먹을 것과 경쟁자를 먼 거리에서 쉽게 알아볼 수 있는 넓게 트인 공간, 약간 높직한 곳, 그리고 물과 음식을 얻을 수 있는 호수와 강이 있는 곳 같은 요소들은 초기 인류가 사바나에서 생존하는 데 유리한 조건이었다. 오랜 선조 인류들의 이러한 환경적 선호가 오늘날 현대인에게도 여전히 남아있다는 것이다.

정원에서도 위험 요소가 없음을 한눈에 파악할 수 있는 풍경을 마주할 때 우리는 편안함을 느낀다. 여기에 그 경관을 바라볼 수 있는 그늘진 퍼골라pergola나 아늑한 벤치가 있다면 더

할나위 없다. 그곳이 바로 피난처이자 은신처인 셈이다. 수목원, 식물원마다 높은 곳에 전망대와 정자가 있는 것도 이런 이유다. 만약 고즈넉한 쉼터에 앉아 바라보는 탁 트인 풍경이 꽃으로 가득하다면, 심리적 안정감과 함께 경이로운 전망을 동시에 감상할 수 있어 정원에서 느낄 수 있는 가장 이상적인 체험을 하게 된다.

둘째, 자연스러운 패턴의 시각적 질서에서 느낄 수 있는 편안함이다. 미국의 환경심리학자 스티븐 카플란Stephen Kaplan(1936~2010)은 사람들이 주변 환경에서 느끼는 안정감이 시각적 질서와 연관되어 있다고 주장했다. 그가 제시한 주의력 회복 이론Attention Restoration Theory에 따르면, 자연환경이 우리의 지친 마음을 회복시키는 데 중요한 역할을 한다. 자연 속에서는 우리가 의도적으로 노력하지 않아도 시선을 끌고 집중하게 만드는 '노력 없는 집중effortless attention'의 상태에 들어갈 수 있다.

정원에서 만나는 물결치는 호수나 구불구불한 길처럼 자연스러운 패턴은 우리의 시선을 편안하게 이끌며 자연스럽게 몰입을 유도한다. 정원 디자인에 스며들어 조화를 이루는 이러한 패턴 덕분에 정원을 걸을 때 우리는 심리적 안정감과 함께 정신적 에너지를 회복시킬 수 있다.

셋째, 철저한 질서와 규칙성을 부여한 공간에서 느끼는 안정감이다. 이러한 정원의 안정감은 철저한 질서에서 나온다.

이와 관련된 이론으로 독일 심리학자 루돌프 아른하임Rudolf Arnheim(1904~2007)의 시각적 균형 이론visual balance theory을 들 수 있다. 그는 인간이 시각적 자극에서 질서와 균형을 본능적으로 추구한다고 보았다. 중심축과 대칭적 구도, 기하학적 형태로 이루어진 정형식 정원에서 체계적이고 정돈된 아름다움을 느끼는 것도 그런 이유다. 무엇보다 이러한 디자인은 쉽게 해석할 수 있어 심리적 부담이 없다. 정원을 감상하는 동안 우리는 무의식중에 마음이 정돈되는 경험을 하게 된다. 대칭성과 일관성으로 균형 잡힌 디자인은 이 정원을 바라보며 즐기는 사람들을 질서 정연한 아름다움 속으로 편안하게 인도하기 때문이다. 스페인의 알함브라 궁전Alhambra Palace, 네덜란드의 헤트루 궁전Paleis Het Loo, 그리고 이탈리아의 빌라 데스테Villa d'Este 같은 르네상스 시대 빌라 정원은 모두 이러한 질서와 조화를 극대화한 사례다.

아른하임은 또한 공간 구성의 각 요소는 "시각적 무게"를 가지며, 그 배치는 시각적 초점과 균형감에 영향을 미친다고 하였다. 정형식 정원에서는 분수, 조각상, 혹은 중앙축과 같은 초점 요소, 즉 포컬 포인트focal point가 이러한 시각적 중심 역할을 한다. 정원을 탐험하는 동안 우리는 자연스럽게 이들 포컬 포인트에 시선을 두고 발걸음을 옮기며 정원의 구조적 질서와 균형감을 즐긴다.

이외에도 우리는 정원에서 여러 요소들을 통해 편안함을 느낀다. 기본적으로 유니버설 디자인universal design을 적용한 정원은 모든 연령과 계층의 사람들이 편안하게 이용할 수 있다. 또한 정원의 건축물을 비롯해 각종 시설물과 조형물이 그 지역의 문화적·역사적·생태적 특성이 담긴 토착 재료로 만들어졌다면 더 친근함을 느낀다.

 # 담장 속 철학

어린 시절, '나만의 방'을 갖고 싶다는 마음이 강렬했다. 마당을 지하실처럼 파서 방을 만들고, 책상과 의자, 그리고 내가 좋아하는 책과 장난감으로 가득 채운 공간을 상상하기도 했다. 아마도 엄마 뱃속에서 느꼈던 본능적인 안정감 때문이었을까? 그 어린 나이에도, 내가 좋아하는 것들로 채워진 공간에서 방해받지 않고 오롯이 나만의 시간을 즐길 수 있는 장소를 꿈꾸었던 기억이 생생하다. 이것은 에리히 프롬Erich Fromm(1900~1980)이 이야기한 인간적 욕구 중 '뿌리내림'이라는 개념과도 맞닿아있다. 인간은 편안하고 안정감을 느낄 때 뿌리를 내리고, 이를 바탕으로 외부 세계와 연결되려는 본능적인 욕구를 가지고 있다.

이러한 면에서 '나만의 방'은 인간의 기본적 욕구를 충족시켜주는 최고의 공간이다. 정원 또한 마찬가지로, 둘러싸인 공간

속에서 보호받고 있다는 느낌을 주는 장소이다. 한자로는 '에워 쌀 위圍' 자와 '두를 요繞' 자를 써서 '위요감圍繞感'이라고 표현한다. 처음부터 정원은 예측할 수 없는 위험이 도사린 야생지에서 벗어나, 안전하고 아늑한 프라이버시privacy를 느낄 수 있는 공간으로 존재했다.

나무들이 우거진 초록 울타리로 둘러싸인 평화롭고 아름다운 정원은 넓고 거친 야생의 들판과는 다르다. 야생의 자연 경관은 장엄한 아름다움과 경외감을 주지만, 어딘가 도사리고 있을지 모를 위험 요소에 대한 막연한 두려움과 경계심을 완전히 떨치기는 어렵다. 반면, 정원은 기본적으로 안전이 확보된 공간에서 오롯이 평화롭게 즐길 수 있다. 특히 담장으로 둘러싸인 아름다운 정원은 그 너머의 세상과 차단된 공간이 주는 신비로움을 품고 있어, 뭔가 로맨틱하면서도 환상적인 이야기가 펼쳐질 것만 같은 상상을 불러일으킨다.

중세 유럽에서는 정원의 울타리 개념이 '호르투스 콘클루수스Hortus conclusus'라는 말과 함께 이해되었다. 구약성경 아가서 4장 12절에는 "나의 누이, 나의 신부는 잠긴 동산Hortus conclusus이요, 덮인 우물이요, 봉한 샘이로구나"라는 구절이 있는데, 이는 물리적 공간을 넘어 속세로부터 보호된 피난처이자 신성한 교회의 상징으로 해석되었다. 이 시기 수도원 정원은 담장을 통해 외부와의 경계를 명확히 하고 수도사들의 사색과 기도의 공간으로 사용되면서 내부의 신성함과 순수함을 강조했다.

이탈리아 르네상스 시대에는 그리스와 로마의 예술성과 인문학이 더해지면서 정원이 더욱 화려하고 대규모로 치장되었다. 정원에 설치된 담장도 규모가 커지고 복잡해졌으며, 폐쇄적이면서도 신비로운 분위기의 정원이 개인적이고 감성적인 의미를 더해갔다.

담장은 정원의 경계를 정의하면서도, 그 내부에 숨겨진 세계를 보호하고 강조하는 역할을 해왔다. 담장은 외부의 시선과 영향을 차단하여 정원 내부의 세계를 독립적이고 신비롭게 만든다. 담장으로 둘러싸인 비밀의 정원을 배경으로 많은 이야기가 생겨났다. 셰익스피어William Shakespeare(1564~1616)는 《헛소동Much Ado About Nothing》에서 주인공 베네딕이 정원의 생울타리 뒤에서 다른 사람들이 일부러 들으라고 꾸민 비밀 대화를 엿듣는 장면을 우스꽝스럽게 묘사한다. 이 대화는 베아트리체가 베네딕을 몰래 사랑하지만, 자존심 때문에 표현하지 못하고 있다는 가짜 소문이다. 이 말을 들은 베네딕은 처음에는 믿지 않으려 하지만, 점점 "혹시 정말일까?"라며 고민하게 되고, 결국 자신의 감정을 다시 돌아보며 베아트리체에 대한 마음을 깨닫는다.

프랜시스 호지슨 버넷Frances Hodgson Burnett(1849~1924)의 《비밀의 화원The Secret Garden》에서도 담장으로 둘러싸인 정원이 중심 무대로 등장한다. 주인공 메리의 이모부 아치볼드에게

"1456년의 대가Master of 1456"라고 불리는 무명의 예술가가 1450년대에 그린 〈닫힌 정원 속 달 위에 앉아 있는 성모 마리아Madonna on a Crescent Moon in Hortus Conclusus〉

는 원래 가족의 가장 아름다운 사랑의 추억이 담긴 정원이 있었다. 하지만 아치볼드의 아내가 그네를 타다 떨어지는 사고로 세상을 떠나자, 그 정원은 봉쇄되어 누구도 들어갈 수 없는 비밀의 공간이 되었다. 훗날 그 집에 머물게 된 메리가 우연히 열쇠를 발견하고 그 정원에 들어가게 된다. "그곳은 누구나 상상할 수 있는 가장 달콤하고 신비로운 장소였다. 높은 벽이 그 정원을 둘러싸고 있었고, 그 벽은 잎이 모두 떨어진 덩굴장미의 줄기들로 뒤덮여 있었다." 소설 속에 묘사된 정원은 먼저 주인공 메리의 내면을 비추는 은유적인 공간이었다. 오랫동안 버려진 정원 속에서도 곧 새싹이 움트고 꽃이 피어날 준비가 되어있듯, 차갑고 이기적이었던 메리 자신의 마음속에도 곧 따뜻한 감정이 싹트리라는 희망의 의미를 내포하고 있다. 이후 이 정원은 메리의 인도 아래, 그곳을 함께 찾은 아치볼드의 아들이자 병약한 사촌 콜린이 치유와 회복을 경험하는 장소가 되고, 결국 이 모부 또한 정원에서 희망을 되찾는다.

담장정원의 상징성은 단지 소설 속 이야기만은 아니다. 영국 히드코트 매너 가든Hidcote Manor Garden처럼 세계적으로 유명한 정원들이 '담장'이라는 디자인 요소를 극대화했다. 로런스 존스턴Lawrence Johnston(1871~1958)이 전 세계에서 수집한 흥미로운 식물들로 조성한 이 정원은 여러 주제의 정원을 서로 담장으로 구분한 '야외의 방' 개념을 적용했다. 히드코트 매너 가든

마리아 루이즈 커크Maria Louise Kirk(1860~1938)가 삽화를 그린 프랜시스 호지슨 버넷의 《비밀의 화원》 초판 표지. 뉴욕 F.A. Stokes 출판, 하버드대학교 호튼 도서관 소장

영국의 히드코트 매너 정원 ⓒ박원순

에는 서른 개의 정원이 조성되어 있는데, 좁은 길을 따라 걷다 보면, 여러 형태의 작은 출입구를 지나 각기 다른 분위기의 정원을 만날 수 있다.

각각의 정원은 독특한 주제와 스타일을 가지고 있으며, 관람객은 담장과 출입구를 통해 새로운 공간으로 이동하며 탐험의 즐거움을 느낀다. 마치 《이상한 나라의 앨리스》에서 주인공 앨리스가 커다란 나무 밑동에 뚫린 구멍을 통해 다른 차원으로 모험을 떠나는 것처럼, 관람객은 기대와 호기심을 가지고 문을 통과할 때마다 계속해서 새로운 주제와 스타일의 정원 이야기 속으로 빠져든다.

이러한 정원에서 담장은 단순히 경계 역할을 넘어 정원의 테마를 풍성하게 만드는 데 기여한다. 예를 들어, 제1차 세계대전 이후 재생과 회복의 의미를 담아 다알리아, 칸나, 샐비어 등 붉은색 꽃과 잎을 테마로 한 정원인 '레드 보더Red Border'를 지나면, 인간과 자연의 조화를 강조하기 위해 굵직한 외줄기 위에 박스 형태로 다듬어진 유럽서어나무들이 열을 맞추어 자라는 '스틸트 가든Stilt Garden'이 등장하는 식이다. 또한 '화이트 가든 White Garden'은 평화와 순수의 이미지를 강조하기 위해 하얀색과 은빛 식물만으로 조성된 고요하고 우아한 공간이다. 흰색 장미Rosa 'Iceberg', 디기탈리스Digitalis purpurea 'Alba', 아르테미시아 Artemisia 'Powis Castle' 등이 어우러져 차분한 분위기를 자아내며, 낮에는 빛을 반사하고 밤에는 달빛을 머금어 몽환적인 아름다움을 선사한다.

현대 도시에서도 담장은 중요한 역할을 한다. 인류의 선조들에게 야생의 위협으로부터 보호된 안전한 장소에서 달콤한 열매와 아름다움을 즐길 수 있는 정원이 필요했던 것처럼, 현대인에게도 그러한 담장 정원이 필요하기 때문이다. 다만, 오늘날 정원의 의미는 물리적 안전보다는 정서적 안정감을 제공하는 치유의 공간으로서 더욱 중요하다. 많은 사람들이 꿈꾸는 주택 정원의 담장이나 울타리는 살아 있는 나무나 관목으로 만들 수도 있고, 목재나 철재, 돌을 이용한 구조물에 트렐리스 trellis(덩굴식물을 지탱하거나 햇빛을 가리기 위해 목재와 금속으로 만든 격자 모양의 구조물)나 시렁을 설치하여 덩굴식물을 올려 담장을 조성할 수 있다.

도시 건물의 벽이나 크고 작은 담장에도 녹색 식물과 덩굴을 더하면 정서적 안정감을 제공하는 힐링 공간으로 탈바꿈할 수 있다. 도시 정원은 초록 담장을 통해 자연과 단절된 환경 속에서도 사람들에게 치유와 안식의 공간을 제공한다. 또한, 담장은 자연 친화적 환경을 조성하고 생물 다양성을 높이는 데에도 기여할 수 있다. 실내에는 스마트 가든 시스템smart garden system을 장착하여 유지·관리가 수월한 수직 정원vertical garden 혹은 수벽 정원green wall을 설치할 수도 있다.

이렇게 온 세상의 경계와 울타리, 담장과 벽이 정원이 되어 서로와 서로를 연결시켜준다면, 이는 비단 인간만을 위한 공간이 아닌 다양한 야생 생물들의 보금자리가 되어 아름다운 공존의 생태계를 이루게 될 것이다.

이처럼 담장은 단순한 물리적 경계를 넘어 정원의 본질을 보호하고 강조하는 중요한 요소다. 정원은 본래 의미인 담장으로 둘러싸인 즐거움의 공간으로서 오늘날 우리 삶 속에서도 여전히 유효한 가치로 남아있기 때문이다. 과거와 현재를 아우르는 담장의 철학은 자연과 인간의 공존을 상징하며, 특히 우리나라 전통정원의 낮은 담장은 내면의 평화와 외부 자연과의 조화를 절묘하게 즐길 수 있는 훌륭한 사례다.

 수학과 예술이 빚어낸 경이

오와 열이 딱 맞게 서 있는 군인들, 정리정돈이 잘되어 있는 교실의 책걸상, 모내기 후 규칙적으로 심긴 벼 모종, 대로변에 같은 간격으로 반복적으로 서 있는 동일한 종류의 가로수, 이 모두가 질서 정연한 정형식 패턴이 주는 통일감과 안정감을 보여준다. 정원도 이렇게 정형식으로 만들면 색다른 즐거움을 발견할 수 있다.

이러한 정원을 제대로 이해하려면 어느 정도 수학적 지식이 필요하다. 가장 기본적인 직선과 사각형, 원, 삼각형 등 정형식 디자인 개념은 고대 이집트와 메소포타미아에서 시작되었다. 이후 그리스와 로마 시대에 이르러 수학과 기하학의 발전과 함께 체계적이면서도 정교한 원칙을 갖추게 되었다. 예를 들어, 기원전 6세기경 고대 그리스 수학자 피타고라스가 정립한 수학적 개념은 정원의 구조와 비례를 설명하는 도구가 되었다. 또한 기원전 4~5세기경 플라톤이 우주의 기본 구성 요소로 설명한 정다면체 이론과 아름다운 조화의 핵심으로 제시한 황금비율(φ≈1.618) 및 좌우 대칭 개념 역시 건축과 정원 설계의 기본 토대가 되었다. 기원전 3세기 아르키메데스는 또 어떤가. 그는 원주율, 기하학적 면적과 부피 계산법 등에 뛰어난 업적을 남겨, 원형 정원과 분수 설계에 응용할 수 있는 개념을 제공했다.

로마 시대에는 이러한 기하학적 원칙이 실용적으로 적용되어 중심축을 따라 대칭과 직선을 강조한 빌라 정원이 발전했다. 하지만 서로마 제국의 멸망으로 서양이 중세 암흑기로 접어들면서, 그리스·로마의 정원 디자인 기술은 이슬람 문명에서 구체화되기 시작했다. '차르바그Charbagh'라 불리는 '사분 정원'의 형태가 널리 쓰였는데, 이는 정사각형 공간을 열십자로 나누어 사분면 공간으로 구성하는 방식이다. 열십자의 교차점에는 분수, 퍼골라, 작은 나무, 조각상 등 상징적인 오브제가 배치되었다.

이처럼 정형화된 정원 디자인은 보기에도 좋을 뿐 아니라 실용적이면서도 아름다운 식물들이 조화를 이루었다.《아라비안 나이트》로 유명한 5세기 페르시아에서 만들어진 양탄자에는 다양한 꽃과 나무가 풍성하게 자라는 고도로 발달된 사분 정원의 모습이 정교하게 수놓아져 있다.

이탈리아 르네상스 시대에는 빌라 정원을 통해 정형식 정원이 더욱 광대한 규모로 확장되었다. 그리스·로마 시대 이미 발달한 기하학, 원근법, 수력학, 황금비율의 원칙 등이 부활하여 정원 디자인의 토대가 되었다. 이탈리아 빌라는 보통 언덕 위에서 시작해 경사지를 따라 계단식으로 정원을 조성했는데, 중심축을 기준으로 좌우 대칭을 이루는 수많은 사분 정원이 규칙적이고 체계적으로 구성되었다. 물은 최상단으로부터 흘러내리며, 그로토grotto(인공 동굴)의 폭포로 흘러내리거나 조각상의 분수가 되기도 하고, 직선형 수로 혹은 계단을 따라 흐르기도 했다.

전체적으로 완벽한 조화를 이루도록 설계한 이들 정원은 과학과 예술, 자연이 어우러진 거대한 작품이라 할 수 있다. 주로 교회 추기경들이 이러한 빌라와 정원의 주인이었다. 아비뇽 유수 이후 로마 교황이 이탈리아로 돌아오면서 교황청이 권위를 회복하고 정치적 영향력을 확대함에 따라, 교황과 추기경들은 이탈리아 전역에서 토지를 소유하고 빌라를 건설하며 사치스러운 생활을 누렸다. 이는 피렌체를 중심으로 무역과 금융으로 크게 성공하여 르네상스 시대의 문화와 예술을 부흥시킨 메디치 가문의 후원이 있었기에 가능했다.

바로크 시대의 정형식 정원에는 빠질 수 없는 요소가 있다. 그것은 바로 양식화된 장식 패턴이 정교하게 적용된 디자인인데, 이를 '꽃의 정원'이라는 뜻의 '파르테르 드 브로더리Parterre de Broderie'라고 한다. 주로 식물의 잎과 줄기, 덩굴손, 꽃 모양 등

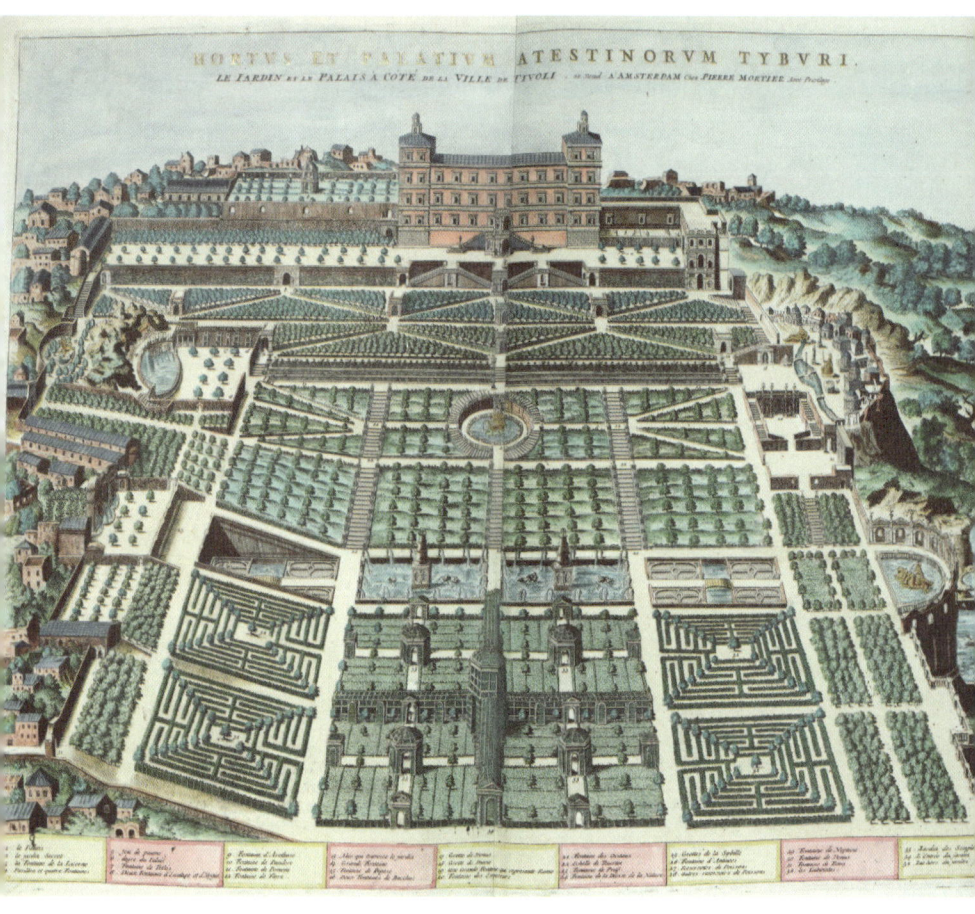

에티엔 뒤페라크Etienne Dupérac, 〈빌라 데스테의 정원 조감도〉, 1560~1575년. 르네상스 시대의 대표적인 정형식 정원인 이탈리아 티볼리의 빌라 데스테를 조감도로 묘사한 작품으로, 대칭과 기하학적 질서를 강조한 설계를 보여준다.

을 형상화한 아라베스크 문양이나, 야자 잎이 부채처럼 펼쳐진 모양을 형상화한 팔메트palmette 문양이 사용되었다. 우리나라로 치면 당나라로부터 유래되어 전통 정자와 누각의 디자인 양식에 쓰여온 당초문양唐草文樣과도 유사한 개념이라 할 수 있다.

 자수 화단 조성은 마치 컬러링을 하는 것과 비슷했다. 선만 그려진 종이에 색연필로 색깔을 칠하는 것처럼, 자수 화단은 드넓은 땅 위에 살아있는 식물로 선을 그리고, 색깔 있는 토양 재료나 자연물, 인공물로 면을 채운다고 이해하면 된다. 선을 표현하는 식물로는 라벤더, 로즈마리, 쥐똥나무, 꽝꽝나무 등이 많이 쓰였으며, 특히 1600년 이후로는 서양회양목이 가장 흔하게 사용되었다. 또한 원뿔 모양으로 다듬어진 서양주목나무가 일정한 간격으로 식재되어 정원의 틀을 잡아주며 규칙성과 원근감을 부여한다. 대로변의 생울타리로는 훨씬 더 큰 나무들이 사용되었다. 대표적인 예로, '혼빔hornbeam'이라 불리는 유럽서어나무를 들 수 있는데, 네모난 박스 형태로 깎고 다듬어 초록 담장으로 유지하면 깔끔한 배경이 되어주었다.

 사실 오늘날 정형식 정원을 만들고 유지·관리하는 일은 품이 상당히 많이 든다. 철저한 물관리, 병해충 관리, 거름 주기는 기본이며, 기하학적 형태로 디자인하여 깎은 주목나무나 회양목 등의 토피어리는 주기적으로 '이발'을 시켜줘야 한다. 또한 디자인 의도에 벗어나거나 보기 싫게 쇠퇴한 식물들은 수시로

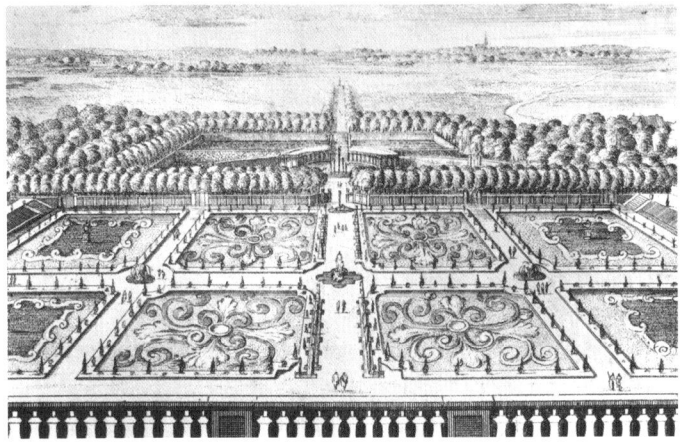

작자 및 연대 미상, 〈네덜란드 헤트 루 궁전의 정원 조감도〉. 기하학적 패턴과 대칭적 디자인이 강조된 정형식 정원의 특징을 보여준다.
©Rijksdienst voor het Cultureel Erfgoed, CC BY-SA 4.0 via Wikimedia Commons

교체해 주어야 한다. 동선과 화단의 경계가 명확하고 색깔과 질감에 따라 구획이 나뉜 이 정원에서는 잡초 하나도 눈에 거슬릴 수밖에 없다. 따라서 잔디밭은 정기적으로 예초 작업을 해야 하고, 화단 내 잡초도 즉시 제거해야 한다.

그럼에도 불구하고, 정형식 정원의 기하학적 요소를 적절히 활용하면 어지러운 공간에 질서를 부여해 잘 정돈된 안정감과 짜임새를 갖출 수 있다. 특히 작은 규모의 주택 정원에서는 고도화된 파르테르 정원까지는 아니더라도, 단순한 사분 정원 디자인만으로도 아주 깔끔하게 정돈된 정원을 만들 수 있다. 여기에 자연에서 얻은 영감을 바탕으로 자신만의 패턴을 디자인

정형식 정원에 조성된 소규모 파르테르

하고, 사계절 푸른 생울타리로 골격을 잡으며, 계절마다 색깔을 달리하는 초화류나 잎 식물로 변화감을 준다면 굉장히 입체적이면서도 세련된 느낌의 정원을 가꿀 수 있다.

 꽃이 선사하는 황홀경

꽃을 보면 기분이 좋아진다. 아주 먼 인류의 조상들이 꽃을 보며 희망과 기대감을 느꼈던 경험이 우리의 유전자에 남아 있기 때문일 것이다. 생물학적으로는 우리 뇌의 후두엽에서 색을 인식하는 과정이 긍정적인 감정을 일으킨다. 이로 인해 세로토닌, 도파민 같은 신경전달물질이 분비돼 기분이 좋아진다. 그러나 과학적으로 설명하지 않더라도 꽃을 주고받는 마음 자체가 사랑이며 행복이라는 것을 우리는 알고 있다.

일상에서 날마다 꽃을 즐기면 항상 좋은 기분을 유지할 수 있다. 꽃의 종류와 색깔마다 느껴지는 감정이 다르다. 가령 빨간색 꽃은 사랑과 회복력을, 노란색은 행복감을, 파란색은 심리적 안정감을, 주황색은 활발한 사교성을 불러일으킨다. 꽃에 몰입하는 순간만큼은 일상의 스트레스를 잊고 경이로움을 느끼게 된다.

조반니 바티스타 티에폴로Giovanni Battista Tiepolo, 〈플로라의 제국The Empire of Flora〉, 로마 신화의 꽃과 봄의 여신 플로라를 18세기 로코코 양식으로 재현한 작품, 약 1743년, 유채·캔버스, 샌프란시스코 파인 아트 뮤지엄 소장 출처: 위키피디아

로마 시대 플로라리아 축제Floralia Festival부터 중세 유럽의 메이데이 축제May Day Festival, 중국의 모란 축제, 그리고 우리나라의 국화 축제까지 꽃을 즐기는 문화는 여러 나라에서 발전해왔다. 17세기 중반 네덜란드 황금시대에는 꽃을 즐기는 문화가 절정에 달했다. 그 중심에는 꽃 애호가로 이루어진 '플라워 길드Flower Guild'가 있었다. 그들 사이에서 가장 인기 있던 꽃들은 히아신스, 수선화, 붓꽃, 아네모네 그리고 튤립이었다. 특히 튤립에 대한 열광은 '튤립 파동Tulip Mania'이라는 경제적 사건을 낳았다. 튤립 알뿌리 하나의 가격이 집 한 채에 맞먹을 정도로 치솟았다가 하루아침에 폭락하기도 했다. 이런 우여곡절을 통해 네덜란드는 오늘날 전 세계에 다양한 알뿌리 품종을 안정적으로 공급하는 종주국으로 자리 잡게 됐다.

19세기 이후 세계 유명 도시들은 대규모 꽃 박람회를 개최하기 시작했다. 미국 펜실베이니아주는 1829년부터 필라델피아 플라워쇼Philadelphia Flower Show를 개최했다. 이를 통해 수많은 사람들이 꽃과 정원 문화를 소비하고 즐기는 장이 마련됐다. 지역 경제를 살리는 데도 도움이 되었다. 195회째를 맞은 2024년 필라델피아 플라워쇼는 약 800억 원의 경제적 효과를 거둔 것으로 평가되었다. 무엇보다 이 플라워쇼는 새로운 식물들의 데뷔 무대였다. 크리스마스 식물로 유명한 포인세티아는 멕시코에서 미국으로 들여온 후 첫 번째 필라델피아 플라워쇼에서 소개된 식물이다. 포인세티아는 현재 전 세계적으로 1조 4,000억 원 규모의 거래가 이뤄지고 있다.

1862년 런던에서 처음 열린 '그레이트 스프링 쇼Great Spring Show'에 뿌리를 두고, 1913년부터 현재의 첼시 왕립 병원 부지에서 개최되고 있는 첼시 플라워쇼Chelsea Flower Show는 세계에서 가장 권위 있고 영향력 있는 정원 전시 행사로 꼽힌다. 내로라하는 정원사와 디자이너, 양묘업자와 식물 애호가들이 첼시 플라워쇼를 통해 최신 정원 디자인과 우수한 정원 식물을 선보인다. 때때로 정원계의 스타가 탄생하기도 했다. 가령 영국의 정원사이자 작가였던 베스 차토Beth Chatto(1923~2018)는 10년 연속 첼시 플라워쇼에서 상을 받으며 정원사들 사이에서 명성을 얻었다. 그녀는 열악한 환경 조건에서도 잘 자라는 특별한 꽃들을 발굴해 "적합한 장소에 적합한 식물을 심자Right Plant, Right Place"는 가드닝 철학을 널리 퍼뜨렸다.

특별한 전시 스타일로 유명해진 정원 축제도 있다. 벨기에 브뤼셀 그랑플라스Grand-Place 광장에서 2년에 한 번씩 열리는 '플라워 카펫Flower Carpet' 축제는 약 1,680제곱미터 면적의 시청 앞 광장에 베고니아와 다알리아 등 백만 송이 꽃을 아르누보 양식의 섬세한 예술적 문양으로 장식한다. 벨기에산 베고니아를 널리 알리기 위한 목적으로 1971년 처음 시작된 행사다. 다채로운 꽃을 카펫처럼 장식하는 전통은 르네상스 시대 스페인,

벨기에 브뤼셀 그랑플라스 광장의 '플라워 카펫' 출처: iStock

이탈리아 등 지중해 국가에서 비롯됐다.

우리나라에도 자랑할 만한 사례가 있다. 2023년, 순천만국가정원에서 열린 국제정원박람회는 국제적 정원 문화 교류의 장으로서 중요한 역할을 했다. 980만 명의 관람객이 찾았는데, 생산 유발 효과는 1조 6,000억 원에 달했고, 2만 5,000명에게 일자리를 제공했다.

역사적으로 꽃은 단순히 즐거움과 경제적 이득만을 위한

것이 아니었다. 1960년대 미국 샌프란시스코에서는 '플라워 파워Flower Power'라는 운동을 통해 평화와 반전의 메시지를 전했다. 요즘 꽃 축제의 화두는 '재생'과 '지속 가능성'이다. 단순히 소모적인 행사에 그치는 것이 아니라 도시 재생, 환경 복원, 지역사회 활성화와 연계된 프로젝트들이 주목받고 있다. 2023년 카타르 도하 국제원예박람회Expo 2023 Doha는 '푸른 사막, 더 나은 환경Green Desert, Better Environment'을 주제로, 사막화와 기후 위기 대응을 위한 농업 기술과 환경 전략을 소개하며 단순한 전시를 넘어 지속가능한 미래 비전을 제시했다. 여기서 한국수목원정원 관리원은 한국정원과 스마트 가든을 선보여 금상을 수상하며 한국 정원문화와 첨단 기술을 세계에 알렸다.

지역에서 생산된 꽃을 사용하는 것도 중요한 트렌드가 되고 있다. 이는 꽃 수입에 따른 탄소 발자국을 줄이고, 지역 임·농가를 살리는 효과가 있다. 특히 토종 곤충과 새들에게 중요한 서식지를 제공하고 생물 다양성을 높이는 자생식물의 중요성도 점점 커지고 있다. 또한 사회적 약자와 장애인도 함께 즐길 수 있는 정원과 치유 프로그램도 확대되고 있다. 이를 통해 꽃 축제는 단순한 미적 공간을 넘어 사회적 통합과 치유의 장으로서 그 역할이 더욱 커지고 있다.

 # 땅이라는 캔버스

정원은 자연으로 빚어내는 예술 작품이다. 마치 화가가 그림을 그리듯 땅을 캔버스 삼아 식물이라는 특별한 재료와 가드닝이라는 기교로 아름다움을 표현할 수 있기 때문이다. 정원에서 크고 작은 나무는 점과 선을 이루는 프레임이 되고 다채로운 풀들은 계절에 따라 색감과 질감을 변화시키며 살아 움직인다. 정원은 시시각각 새로운 아름다움을 보여주므로 다른 작품들이 흉내내기 어려운 독특한 예술의 형태를 선보일 수도 있다.

여기에 어떤 상징물이나 조형물 같은 예술가의 작품이 함께한다면 정원은 근사한 야외 갤러리가 된다. 그래서 정원을 주무대로 활동하며 특별한 영감으로 정원을 더 빛나게 하는 예술가들의 존재가 고맙고 소중하다. 미국의 자연 미술가 패트릭 도허티Patrick Dougherty는 나뭇가지를 엮어 만든 대형 설치미술 작품으로 세계 유명 정원에 순회 전시를 하며 자연의 순환과 환경의 중요성을 알렸는가 하면, 유리 공예가 데일 치훌리Dale Chihuly는 자연과 예술의 융합을 보여주었다.

현대 도시 정원은 과거의 권위적이고 보수적이며 관습적인 예술을 추구하기보다는 대중에게 자유롭게 열린 공공 예술의 개념으로 다양한 사회적·환경적 메시지를 전달한다. 우리나라 순천만 국가정원에서 선보인 호수 정원의 설계가로도 잘 알려진 영국의 조경가 찰스 젠크스Charles Jencks는 스코틀랜드에 우주 탄생 이론을 형상화한 사색의 정원을 디자인하여 과학적 상상의 나래를 펼쳤다. 그는 이곳에 우주 폭포, DNA 정원, 프랙털 테라스, 쿼크 산책로, 블랙홀 테라스 등 이름만 들어도 호기심을 자아내는 독특한 대지 예술Land Art을 선보였다. 미국의 조경가 피터 워커Peter Walker는 9·11 테러로 붕괴된 뉴욕 세계무역센터World Trade Center 쌍둥이 빌딩이 있던 자리에 희생자 추모 정원을 조성하여 전 세계인들에게 치유와 재생, 회복의 메시지를 전하기도 했다.

도시민들이 보다 인간적인 규모(휴먼 스케일human scale)로 편하게 즐길 수 있는 정원 디자인도 색다른 즐거움과 의미가 있다. 미국의 조경 디자이너 마사 슈워츠Martha Schwartz의 작품이 대표적이다. 마사는 1979년 남편을 위해 집 앞 회양목 생울타리로 둘러싸인 작은 공간에 베이글과 보라색 자갈로 꾸민 정원으

미국 뉴욕 맨해튼의 옛 세계무역센터 쌍둥이 빌딩 터에 조성된 9·11 테러 추모 공원 ⓒ박원순

2장　　　　　　　　　　　　　　　　정원의 미학

미국의 조경가 마사 슈워츠의 '베이글 가든' ©Martha Schwartz Partners

로 유명해졌다. '베이글 가든Bagel Garden'이라는 이름의 이 창의적이고 유머러스한 정원이 미국에서 가장 권위 있는 〈미국조경가협회American Society of Landscape Architects, ASLA〉 잡지에 소개되면서 당시 보수적이었던 조경계는 크게 술렁였다. 많은 논란에도 불구하고 그녀는 기발한 아이디어와 예술적 감각으로 계속해서 도시 곳곳의 열악한 장소에 매우 독특한 정원을 만들었다. 그녀의 디자인은 단순히 재미를 넘어 여러 가지 사회적 이슈와 환경 문제에 대한 철학을 담고 있다. 가령 1986년에는 매사추세츠 케임브리지의 생명공학 연구소 옥상에 프랑스 정원과 일본 정원을 파격적으로 결합시킨 스플라이스 정원Splice Garden을 만들어 생명공학의 발전 이면에 숨겨진 유전자 조작의 위험성을 경고했다.

정원 작가들은 모두 예술가의 범주에 속해 있다. 전 세계 정원 작가들의 디자인 트렌드를 가장 잘 파악할 수 있는 무대가 바로 110년 전통의 런던 첼시 플라워쇼Chelsea Flower Show다. 2023년 금메달을 수상한 사라 프라이스Sarah Price의 정원은 영국의 화가 세드릭 모리스Cedric Morris(1889~1982)가 살았던 벤톤 엔드 하우스Benton End house와 정원을 예술적으로 승화시킨 것으로 큰 주목을 받았다. 모리스는 붓꽃에 심취한 원예가이기도 했는데, 매년 천 본이 넘는 붓꽃을 직접 재배하며 예술가적 관점에서 눈길을 사로잡는 종류를 선발했다. 일명 '벤톤 아이리스 컬렉션Benton Iris Collection'이라 불리는 그 세련된 붓꽃들이 이 정원의 주인공이었다. 같은 해 우리나라의 황지해 작가도 '백만 년 전으로부터 온 편지A Letter from a Million Years Past'라는 작품으로 쇼가든 부문 금상을 수상했다. 거대한 바위들과 함께 지리산 산비탈 약초 군락을 재현하고 토종 식물의 서식 환경과 약초 건조장을 생생히 담아낸 이 정원은 자연 치유와 보전의 메시지를 전하며 세계인의 주목을 받았다.

정원은 식물 자체의 아름다움만으로도 예술성을 추구할 수 있다. 염두에 둘 것은 분명 정원이 아름답고 사랑스러운 데는 다 이유가 있다는 사실이다. 심지어 가장 자연스러워 보이는 야생화 정원이나 숲 정원조차도 그 정원을 설계한 가든 디자이너의

황지해 작가의 〈백만 년 전으로부터 온 편지〉, 2023년 첼시 플라워쇼 쇼가든 부문 금상 수상작 ©황지해

철저한 의도와 계획이 반영된 경우가 많다. "사람은 손이 아니라 뇌로 그림을 그린다"는 미켈란젤로Michelangelo(1475~1564)의 말처럼 정원을 디자인할 때에도 구체적인 아이디어 구상과 기획이 필요하다. 먼저 기본 구도와 윤곽을 잡은 뒤 식물들의 색깔, 질감, 계절별 조합을 바탕으로 전체적인 톤과 분위기를 설계해 간다. 이때 비례, 포커스, 통일성, 그리고 균형감 등 미술의 원칙을 적용한다. 특히 선과 모양, 색감과 질감 같은 동일한 요소를 반복적 리듬으로 나타내는 것이 중요하다. 동그란 볼 모양이든 원뿔 형태든 자연스럽게 반복되는 요소들은 시선을 이끌어 공간에 생기를 불어넣기 때문이다.

어떤 정원의 주제와 상징성을 강조하기 위해 인공물을 사용할 수 있다. 관건은 식물 자체의 아름다움과 인위적인 조형물을 얼마나 조화롭게 접목할 수 있는가다. 특히 인공 구조물은 주변 환경과 잘 어울리도록 신중하게 계획해야 한다. 주객이 전도되어 식물이 아닌 인공물이 주가 되면 마치 요리를 낼 때 음식은 별 볼 일 없고 플레이팅만 요란한 꼴이 되고 만다.

누구나 자신이 가꾸는 정원에 이야기와 창의력을 더해 특별한 아름다움을 창조해낼 수 있다. 인상파 화가 모네Claude Monet(1840~1926)가 시시각각 변하는 빛을 포착하기 위해 말년까지 자신이 직접 가꾼 정원을 화폭에 담았던 것처럼, 정원은 살아 있는 박물관이자 야외 갤러리로서 학생들이 자연 속에서 과학과 예술을 공부할 수 있는 최고의 수업 장소다. 전 세계 인구의 절반 이상이 도시에 살고 있는 이 시대, 도시가 수많은 사람들의 안식처라면, 예술적 영감이 가득한 정원은 도시의 영혼이나 다름없다.

 ## 공간을 빚는 협연

정원은 본래 인간이 살아가는 터전에 인간의 필요에 의해 만들어졌다. 그래서 정원은 자연스럽게 사람들의 생활공간 가까이, 특히 건축과 밀접하게 연결되어 자리 잡아 왔다. 식물을 좋아하고 정원 가꾸기를 즐기는 사람이라면, 자신만의 집을 지을 때 어떤 정원을 만들지 고민하며 행복한 상상의 미소를 짓게 마련이다.

지금까지 수많은 정원을 방문했지만, 그중에서도 개인 정원사들의 집을 방문했던 경험은 특별한 기억으로 남아 있다. 미국의 저명한 정원사이자 《레이어드 가든The Layered Garden》의 저자인 데이비드 컬프David Culp(1953~)가 30년간 살며 가꾼 공간은 가장 인상적인 집과 정원 중 하나였다. 갈색 경사 지붕에 하얀색으로 칠해진 아담한 2층짜리 단독주택엔 작은 별채가

미국 펜실베이니아주에 거주하는 유명 정원사 데이비드 컬프의 집과 텃밭 정원 ©박원순

있었는데, 그곳은 식물 번식과 분갈이 작업을 위한 포팅 쉐드 potting shed였다. 포팅 쉐드에서는 주로 겨울 동안 새로운 씨앗을 뿌리고 다가오는 시즌을 준비한다. 작은 온실처럼 채광 창을 통해 들어오는 빛 아래, 다양한 크기와 종류의 화분과 각종 정원 도구들이 놓여 있고, 흙 냄새와 풀 냄새가 뒤섞인 이 공간은 정원을 사랑하는 사람이라면 누구나 꿈꿀 만한 작업실이었다.

　주택 앞쪽에는 흰색 낮은 목재 펜스로 둘러싸인 네모난 텃밭이 자리 잡고 있었다. 대개 애매한 공간이나 놀고 있는 짜투리 땅에 대충 얼기설기 울타리를 치고 뭐라도 키워 먹으려고 심어놓고 잡초와 씨름하는 데 익숙한 우리에게, 컬프의 텃밭 정원은 채소가 자라는 공간도 프레임을 어떻게 디자인하느냐에 따라 매우 아름다운 정원으로 거듭날 수 있다는 것을 보여주었다. 물론 컬프는 이 정원에서 나는 채소를 평상시 식재료로 사용하는 기쁨도 만끽하고 있었다. 집의 남쪽 부지 주변은 낮은 언덕으로 둘러싸여 있었는데, 마치 작은 동산처럼 온갖 나무와 식물들이 가득했다. 보통 야산에는 흔한 식물들만 자라기 마련인데, 컬프의 집에 딸린 언덕 정원은 달랐다. 경사지에 지그재그로 난 오솔길을 따라 걷다 보면 설강화, 금낭화, 헬레보러스 같은 풀 종류부터 목련과 산딸나무 같은 나무 종류까지 눈길을 사로잡는 독특한 품종들이 가득했다.

역사적으로, 정원과 건축이 조화를 이루며 공간을 창조하는 방식은 가드네스크Gardenesque와 픽처레스크Picturesque라는 개념을 통해 이해할 수 있다. 가드네스크는 영국의 조경가 루던이 제안한 개념으로, 정원을 인간의 손길이 닿은 예술적 공간으로 보는 것이다. 쉽게 말하자면, 식물 수집가처럼 집 주변에 다양한 식물을 가꾸는 정원이다. 여기서 정원사는 자연을 단순히 복제하거나 모방하는 것이 아니라, 창의적으로 해석하여 자신만의 정원을 설계한다. 이 과정에서 건축물은 정원의 독창성을 돋보이게 하는 배경이나 보조 역할을 한다.

반면, 픽처레스크는 자연 풍경 그대로 그림 같은 정원을 만드는 것을 말한다. 18세기 후반 영국에서 대두된 개념으로, 풍경화 같은 자연적 아름다움을 추구하는 정원 디자인 철학이다. 픽처레스크 정원은 자연 그대로의 모습을 재현하려 하지만, 그 안에 건축적 요소들이 배치되어 전체적인 조화와 스토리를 형성한다. 예를 들어, 고풍스러운 건축물은 정원의 한 요소로 자리 잡아 정원의 자연스러운 아름다움을 강조한다. 그래서 캐슬 하워드 Castle Howard와 같은 영국의 풍경식 정원에서는 파빌리온, 다리, 폐허 등 건축 요소들이 정원의 중요한 시각적 초점이 된다.

가드네스크와 픽처레스크 개념을 적절히 융합하면 훌륭한 정원이 탄생할 수 있다. 다시 말해, 정원사와 건축가가 공간을 창조하는 과정에서 각각의 역할을 조명하며, 두 개념이 어떻게 조화를 이루는지 보여줄 수 있는 것이다. 가드네스크 관점에서는 건축가가 정원사의 설계를 돋보이게 하는 보조적인 역할을 한다. 온실, 아치, 담장 등은 정원의 구조를 지탱하고 체계화하면서도 전체적으로 정원의 창조적 아름다움을 해치지 않도록 설계된다. 반면 픽처레스크 관점에서는 정원사가 건축물을 자연의 일부로 융합시키는 데 중점을 둔다. 예를 들어, 폐허처럼 보이는 구조물을 덩굴식물로 감싸거나, 건축물이 마치 풍경화의 일부처럼 보이도록 주변에 나무와 연못을 배치하는 식이다. 영국 정원 여행의 필수 코스 중 하나인 스투어헤드Stourhead 정원에서 볼 수 있는 신전과 호수가 그런 예다. 이런 조경 양식을 팔라디오풍Palladian style이라고 하는데, 16세기 이탈리아 건축가 안드레아 팔라디오Andrea Palladio(1508~1580)에서 유래했다.

그는 균형과 조화를 중시하며 고대 로마 건축의 이상적인 비례와 미학을 건축과 조경에 반영했다. 아무튼 이렇게 정원과 건축물이 아름답게 조화를 이루는 공간은 인간이 꿈꾸는 이상향을 완벽하게 보여준다.

그러나 정원사와 건축가 간의 갈등이 심했던 경우도 있었다. 19세기 말 영국에서는 윌리엄 로빈슨William Robinson(1838~1935)은 자연주의 정원 양식의 선구자로 널리 알려져 있었다. 그는 저명한 정원사이자 작가로 《야생의 정원The Wild Garden》(1870)과 《영국식 꽃의 정원The English Flower Garden》(1883)이라는 저서를 통해 자신의 정원 철학을 널리 알렸다. 요약하자면, 정원은 인간의 손길이 덜 가해진 자연의 야생적인 아름다움을 지녀야 한다는 것이었다. 이 같은 주장은 형식적인 대칭성과 규율을 강조하는 전통적 정원 양식과 대립했다.

그는 〈더 가든The Garden〉 같은 정원 잡지 지면을 통해 자신의 자연주의 정원 철학을 적극적으로 설파하며, 형식주의 정원

앨프리드 파슨스Alfred Parsons, 〈시인의 수선화와 넓은잎 바위취 군락Colonies of Poet's Narcissus and Broad-Leaved Saxifrage〉, 1903년, 윌리엄 로빈슨의 《야생의 정원》 5판(1903년)에 수록된 삽화로, 자연주의 정원의 식물 배치를 세밀하게 묘사한 작품

디자인을 "단조롭고 비자연적인 작업"이라고 비판했다. 특히 정원의 기하학적 패턴과 장식적인 요소가 자연의 본질을 훼손한다고 했다. 이에 반대하는 형식주의 지지자들은 강력히 반발했다. 그중 대표적인 인물이 건축가 레지널드 블롬필드Reginald Blomfield(1856~1942)였다. 그는 자신의 저서 《영국의 정형식 정원The Formal Garden in England》에서 로빈슨의 자연주의 정원을 "무질서하고 방치된 듯한 디자인"이라고 반박하며, 정원 디자인에서는 질서와 구조가 필수적이라고 역설했다. 더 나아가 그는 로빈슨의 비판에 대해 풍자적 비유로 응수했다. 그는 로빈슨의 자연주의 정원을 "가꾸다 만 상태로, 자라나는 잡초를 예술이라 착각한 것"이라고 폄훼하며 조롱했다. 이처럼 두 사람은 서로의 철학을 단순히 반대하는 데 그치지 않고, 개인적인 비판과 비유적인 표현으로 논쟁을 격화시켰다.

　이러한 상반된 철학을 절묘하게 융합한 대표적인 정원사가 거트루드 지킬Gertrude Jekyll(1843~1932)이었다. 지킬은 원래 화가이자 자수 공예가였지만, 중년에 시력이 나빠지면서 정원 디자인으로 직업을 바꿨다. 그녀는 땅을 도화지 삼아 자신만의 색채 조합으로 꽃을 심어 예술적인 정원을 만들어냈고, 이를 통해 최고의 정원사로 이름을 떨쳤다. 지킬의 정원 조성 작업에서 가장 두드러진 특징은 건축가와의 협업이었다. 그녀보다 26살이나 젊은 건축가 에드윈 루티언스Edwin Lutyens(1869~1944)는 지킬이 구상한 정원의 건축물, 담장, 화단 경계, 바닥 포장 등을 설계했고, 지킬은 세심한 식재 디자인으로 정원을 완성했다. 영국 서리주 고덜밍에 위치한 먼스테드 우드Munstead Wood 정원은 두 사람의 협업이 빚낸 대표작이다. 이 정원은 파란 빛깔 꽃으로 시작해 오렌지색과 노란색으로 전개되며, 가장 먼 곳에 빨간색 꽃을 배치한 독창적인 색채 구성을 보여준다. 중간중간 혼합된 하얀색과 은빛 꽃들은 지킬만의 세련된 팔레트를 완성하며, 과거의 전통적인 정원 화단과는 질적으로 다른 세련된 디자인으로 평가받았다.

전 세계 정원사들에게 색다른 영감을 준 거트루드 지킬의 색깔 조합과 추천 식물들은 오늘날까지도 큰 영향력을 미치고 있다. 매우 섬세하게 한 땀 한 땀 자수를 놓듯 땅 위에 수놓은 그녀의 꽃 정원 디자인 양식은 당시 예술 분야에 거세게 일어났던 미술 공예 운동Arts and Crafts Movement의 영향을 받은 것이었다.

윌리엄 모리스William Morris(1834~1896)가 주축이 되어 전개한 이 운동은 대량 생산 체계가 급속도로 진행되는 산업혁명에 반기를 들며, 사람들이 일상생활에 쓰는 물건들, 예를 들어 가구, 벽지, 직물 등은 수공예로 제작되어 예술성을 입혀야 한다는 것이었다. 이러한 미술 공예 운동의 철학을 정원 디자인에 도입한 인물이 바로 거트루드 지킬이었다.

정원과 건축물의 만남은 큰 시너지 효과를 낼 수 있다. 그

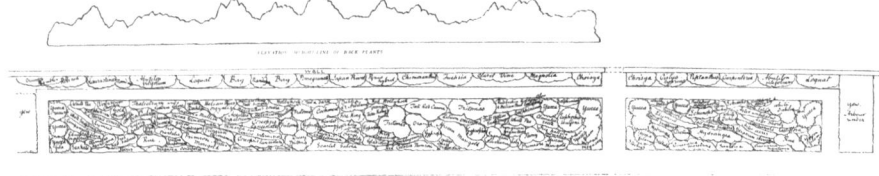

거트루드 지킬, 〈화단 설계도Plan of the Main Flower-Border〉, 거트루드 지킬의 《꽃 정원의 색채Colour in the Flower Garden》(1908)에 수록된 삽화로 조화로운 색채 구성을 고려한 화단 디자인을 보여준다.

먼스테드 우드Munstead Wood, 《루티언스의 집과 정원Lutyens Houses and Gardens》(1921)에 수록된 삽화. 건축가 에드윈 루티언스와 정원 디자이너 거트루드 지킬이 협업한 영국 서리주 고덜밍의 저택과 정원 전경

완벽한 사례로 자연과 건축이 하나가 된 프랭크 로이드 라이트 Frank Lloyd Wright(1867~1959)의 '낙수장Fallingwater'을 들 수 있다. 이 집은 건물 자체가 자연의 일부가 되는 디자인 철학을 보여 준다.

펜실베이니아주 피츠버그 남동쪽 베어 런 자연 보호 구역의 울창한 숲속 폭포 위에 자리한 낙수장을 방문했을 때의 감동을 잊을 수 없다. 집 안과 밖, 폭포와 물줄기가 흐르는 외부 자연이 모두 유기적으로 연결되어 하나의 공간을 이루고 있었다. 90년 전에 설계된 건축물이라고는 믿기 어려울 만큼 세련된 유리와 창틀의 형태, 계단, 방들의 구조와 층층이 연결된 공간, 그리고 집 안에서 바로 바닥의 문을 열고 아래쪽 폭포로 내려가는 디테일한 설계가 경이로웠다. 집 바깥의 숲은 그 자체가 이 집을 감싸고 있는 정원이었다.

우리나라 안동의 만휴정晩休亭도 비슷한 느낌을 준다. 만휴정 역시 폭포가 쏟아져 내리는 언덕 위에 자리 잡고 있다. 동양과 서양의 정원관이 이렇게 닮을 수 있다는 것이 놀라울 따름이다. 근원적으로 인간이 바라는 자연과의 합일을 이루며 사는 삶이란 건축물과 정원을 따로 떼어놓지 않고 하나로 생각했을 때 가능하다는 것을 보여주는 사례다.

사실 정해진 정답은 없지만, 자연주의와 형식주의의 논쟁은 과거부터 오늘날까지 이어져 온 오래된 주제다. 집과 정원을 조성할 때 건축을 우선할지, 아니면 정원을 먼저 고려할지는 쉽게 답하기 어려운 문제다. 그러나 예술적 관점에서 보면, "정원은 땅 위에 그린 그림, 건축은 땅 위에 세운 조각"이라고 할 수 있다. 이는 정답이라기보다는, 정원과 건축의 관계를 긍정적으로 바라보며, 두 요소가 함께 만들어내는 시너지와 융합의 가능성을 제시하는 데 도움이 될 것이다.

 ## 나무의 숨결이 깃든 옛 정원

여름철, 사방이 트여 바람이 통하는 전통 정원의 정자에 기대어 앉아 고즈넉한 연못에 분홍빛으로 곱게 핀 연꽃을 감상하면 잠시나마 더위와 근심을 잊고 예스러운 단꿈에 젖어볼 수 있다.

정자의 기둥과 기둥 사이로 보이는 풍경은 마치 파노라마 액자 속 연작 그림처럼 사방이 입체적으로 펼쳐진다. 시원한 바람이 뺨을 스치고 어디선가 꽃향기까지 전해져 오는 이 공간의 매력을 과연 아이맥스IMAX나 4D 영화관이 따라갈 수 있을까?

우리 정원의 매력은 자연을 거스르지 않는 지혜에서 온다. 한국 정원의 맛과 멋은 오직 그 장소에서 경험한 사람들만이 느낄 수 있다. 보길도 부용동 정원의 세연정洗然亭, 강진의 다산초당茶山草堂이나 백운동 원림白雲洞園林 등 손꼽히는 우리나라 전통 정원을 직접 가보았을 때 가슴에 다가오는 느낌을 사진이나 영상에 오롯이 담을 수 없는 이유도 바로 여기에 있다.

좋은 정원에서 받은 느낌은 단순한 기억이 아닌 특별한 감동으로 저장된다. 500년 역사를 지닌 담양 소쇄원瀟灑園에 가본 사람은 소쇄원이라는 말만 들어도 맑고 깨끗한 바람이 가슴에서 일어나는 것을 느낄 수 있을 것이다.

한국 정원의 매력은 말로 다 설명할 수 없을 정도로 깊다. 직접 보고 느끼는 것이 한국 정원을 이해하는 가장 빠른 길이다. 우리 정원은 관물찰리觀物察理, 즉 눈으로 보지 않고 마음으로 보고 마음을 넘어 이치로 읽어야 하는 정원이기에, 겉으로만 화려한 정원과는 깊이와 차원이 다르다. 그래서 우리 정원을 만들 때 중요한 재료들은 돌과 물, 나무처럼 자연에 가까운 것들이다.

특히 이렇게 자연과 하나 되는 체험의 중심에는 정자와 누각을 비롯한 목재 건축물이 있다. 오랜 세월에 걸쳐 숲의 숨결과 향이 차곡차곡 쌓여 만들어진 목재는 정원의 공간 속에 잘 스며들어 친밀한 느낌으로 시각적, 심리적 편안함을 주는 최고의 재료다.

살아 있는 나무와, 생을 다한 나무(목재)가 공존하는 공간은 우리 옛 정원의 가장 큰 매력 중 하나다. 마치 죽은 고인들의 넋을 기리듯 아직 생생하게 살아 있는 크고 작은 나무들이 오랜 정자와 누각의 곁을 지킨다. 그 모습이 더할 나위 없이 자연스

담양 소쇄원의 광풍각 주변 풍경 ⓒ박원순

럽고 사랑스럽다.

또한 살아생전 품고 있던 나무의 그윽한 향은 목재가 되어서도 마치 삶과 죽음을 잇는 정령의 숨결처럼 은은하게 주변을 감돈다. 이런 공간에서라면 좋은 시와 글도 절로 써질 것이다. 윤선도尹善道(1587~1671)의 〈어부사시사漁父四時詞〉, 송순宋純(1493~1583)의 〈면앙정가俛仰亭歌〉, 김인후金麟厚(1510~1560)의 〈소쇄원 48영〉은 모두 좋은 정원에서 영감을 받은 선비들의 명작이다.

선조들의 지혜를 빌려 현대의 도시 정원사들도 삶에 대한 특별한 영감과 철학을 얻기 위해 정원 안에 좋은 목재를 더 많이 사용할 필요가 있다. 울타리와 정자, 의자와 탁자, 올림 화단, 덩굴식물이 타고 자랄 수 있는 격자 시렁이나 아치, 그리고 정원에 필요한 다양한 도구와 공예품들도 얼마든지 목재를 이용해 창의적으로 만들 수 있다.

특히 숲속 나무집이나 요정의 집은 아이들의 모험심과 상상력을 자극하는 최고의 장소다. 동력을 사용하지 않는 숲속 놀이공원으로 유명한 독일의 케틀러 호프Ketteler Hof는 클라이밍 타워, 슬라이드 등 온통 목재로 만든 신나는 놀이 시설들로 유명하다. 덴마크의 예술가 토마스 담보Thomas Dambo(1979~)가 보여줬듯 폐목재를 재활용해 거대한 업사이클링 조형물을 만들 수도 있다. 그가 만든 북유럽 신화 속 거인 '트롤Troll'은 마치 영

독일 케틀러 호프에서 볼 수 있는 목재 놀이 시설 ⓒ박원순

혼을 지닌 듯 아이들에게 숲과 나무, 정원의 가치를 전한다.

　나무에는 오랜 세월 흡수된 탄소가 빼곡히 들어차 있기 때문에 목재를 재사용하는 일은 탄소 중립carbon neutrality에도 크게 기여한다. 정원의 조형물이나 시설물뿐 아니라 일반 건물을 지을 때 목재를 많이 사용하면 탄소 중립에 더 크게 기여할 수 있다. 프랑스는 탄소 중립 실현을 위해 2022년부터 새로 짓는 공공 건물은 법적으로 최소 50퍼센트 이상 목재나 기타 바이오 기반 소재를 사용하도록 하고 있다. 2024년 파리 올림픽에서는 아쿠아틱 센터Aquatic Center와 선수촌 등 건물을 목재로 짓고, 올림픽 이후에는 지역 주민을 위한 복합 스포츠·문화 시설로 전환하거나 일부 자재를 다른 건설 프로젝트에 재활용하여, 지속 가능한 목재 건축에 대한 세계적 흐름을 선도했다.

우리나라도 산림청 산하 공공기관의 건축물을 중심으로 이 같은 흐름을 따르고 있다. 대전광역시에 2025년 문을 연 '산림복지종합교육센터'에는 국내에서 가장 높은 목조 건축물이 들어섰다. 지상 7층 규모의 이 건물에는 총 1,449세제곱미터의 목재가 사용되어 약 242톤의 탄소를 저장할 뿐만 아니라 화재와 지진에도 잘 견디는 스마트 건설 공법이 적용됐다. 나무가 생명을 가진 개체로서 생을 다한 후에도 우리 곁에 다른 쓸모 있는 존재로 재탄생하여 오래오래 함께할 수 있다면, 보다 많은 사람들이 자연 친화적인 삶을 실천하며 좋은 영감을 얻을 수 있을 것이다.

굳이 셸 실버스타인Shel Silverstein(1930~1999)의 《아낌없이 주는 나무》 이야기를 떠올리지 않더라도 우리는 나무가 얼마나 많은 것을 우리에게 주는지 잘 알고 있다. 생태 순환을 고려한 지속 가능한 숲 관리를 통해 건강한 숲 생태계를 유지하면서 좋은 목재를 생산하고 잘 활용될 수 있도록 하는 산림 경영이 그 어느 때보다 중요한 시점이다.

나무는 우리의 정원 문화와 역사를 담고 있는 소중한 자산이다. 나무를 통해 세대와 세대에 걸쳐 자연과 교감하고, 자연 속에서 삶의 의미를 되새길 수 있다. K-팝과 K-컬처, K-푸드 등 전 세계적으로 거세게 일고 있는 한류 열풍 속에 한국인의 정서와 지혜가 담긴 'K-가든'이 또 하나의 매력적인 한류 콘텐츠로서 주목을 받게 된다면, 그 중심에는 우리 고유의 나무들을 아끼고 잘 활용한 선조들의 지혜가 빛을 발하고 있을 것이다.

 물을 현명하게 다루는 능력

    정원 연못에 고운 빛깔의 수련과 연꽃이 부지런히 꽃을 피워 올리는 계절엔 정원과 물의 관계에 대해 생각해 본다. 인류의 역사와 함께 시작된 정원의 중심에는 항상 물이 존재해왔다. 고대 메소포타미아를 비롯한 주요 문명의 발상지에는 풍요로운 강이 흘렀다. 주기적으로 범람하는 나일 강의 물에 삶을 의존했던 이집트인의 정원에는 귀한 물로 채워진 연못이 있었고, 그 안에는 신의 향기를 품은 푸른빛의 신성한 수련이 꽃을 피웠다. 태초의 생명을 탄생시킨 신선한 물, 풍성한 초록 식물들, 달콤한 열매와 그늘이 있는 정원이 바로 고대인들이 그렸던 파라다이스의 모습이었다.

    고대인들에게 물은 어떤 이미지로 다가왔을까? 물은 생명과 풍요의 상징 그 자체였기 때문에 정원을 디자인할 때 물은 언제나 핵심적인 요소로 자리 잡았다. 에덴동산 혹은 파라다이스 정원에 흘렸던 네 개의 강, 즉 물과 포도주, 젖과 꿀을 상징하는 수로를 열십자로 교차시켜 네 개의 사각형 구역으로 나눈 이슬람의 사분 정원이 그 대표적인 예다. 스페인 알람브라 궁전의 사자의 중정, 인도의 타지마할 정원, 무굴 제국의 창시자 바부르Babur(1483~1530)의 정원은 모두 대칭적인 수로와 연못, 물의 아름다움을 극대화한 사분 정원이다.

훌륭한 정원 디자인은 물을 어떻게 잘 다루느냐 하는 기술이 관건이었다. 고대 로마인들은 아우구스투스 시대 대규모 송·수로 건설로 풍부한 물을 이용할 수 있게 되면서 인공 폭포와 연못, 정교한 수로와 분수를 만드는 데 능통했다. 수리학과 수력학 등 물을 다루는 지식과 기술은 16세기 르네상스 시대 이탈리아 정원에서 훨씬 더 큰 규모의 다양하면서도 섬세한 디자인과 함께 재탄생했다. 복잡한 수로 시스템과 화려한 분수로 유명한 티볼리의 빌라 데스테 정원이 대표적이다.

이는 프랑스 절대왕정에도 영향을 미쳤다. 태양왕 루이 14세(1638~1715)는 베르사유 정원을 만들고 어마어마한 규모의 운하와 연못, 분수를 가동하기 위해 유럽 전역의 수리학자들과 기술자들을 소집했다. 그는 6킬로미터 떨어진 센강에서 물을 끌어오기 위해 4년에 걸쳐 대규모 수력 펌프 장치인 마를리 기계Machine de Marly를 만들기도 했다. 오늘날에도 베르사유 정원

이탈리아 빌라 데스테의 장엄한 폭포 출처: iStock

에서는 5.5킬로미터에 걸쳐 23만 제곱미터 규모의 운하와 함께 분수 노즐 620개가 장착된 분수 50개가 시간당 9,000톤의 물을 이용해 분수 쇼를 펼친다.

물을 주제로 한 현대 정원의 걸작은 아마도 20세기 최고의 조경가 제프리 젤리코Geoffrey Jellicoe가 잉글랜드 남서부 도싯주에 있는 슈트 하우스Shute House에 조성한 정원일 것이다. 그는 자연스럽게 흐르는 실개천을 인공 수로와 연결시켜 낭만주의와 고전주의 물의 정원의 진수를 보여주었다. 물이 음악처럼 흐르는 수로를 따라 천천히 걷다 보면, 높낮이 차로 자연스럽게 떨어지는 폭포를 만나기도 하고, 팔각형·사각형·육각형 등 다양한 형태의 연못마다 우아하게 솟구치는 분수를 즐길 수 있다. 계절에 따라 앵초나 비비추, 칼라 같은 꽃이 정원에 화사한 생기를 불어넣는다.

그렇다면 전 세계 곳곳에서 전례 드문 폭우와 가뭄, 홍수가 빈번해진 기후 위기 시대에 정원은 어떤 모습이어야 할까? 무엇보다 물 보전의 중요성을 알리고 물을 효율적으로 잘 활용할 수 있는 미래 지향적 정원 디자인이 필요하다. 그런 면에서 호주 빅토리아주 크랜번 왕립 식물원Royal Botanic Gardens Cranbourne에 2006년 조성된 호주 정원은 많은 것을 생각하게 한다. 호주의 대표적 조경 설계사무소TCL와 조경 원예가 폴 톰슨Paul Thompson의 합작품인 이 정원은 자연 경관 속에서 물과 인간이

호주 크랜번 왕립 식물원의 '멜라레우카 모래톱Melaleuca spits' ⓒ박원순

호주 크랜번 왕립 식물원의 '붉은 모래 정원' ⓒ박원순

어떻게 상호작용하는지 보여준다. 호주의 내륙 사막 지형을 재현한 매우 인상적인 붉은 모래 정원Red Sand Garden에서부터 해안가를 향한 물의 여정은 호주에 자생하는 다양한 식물들의 삶과 연결되어 있다.

 이 조경가들은 2018년 빅토리아주에서 가장 오래된 벤디고 식물원Bendigo Botanic Gardens에 '미래를 위한 정원'을 만들기도 했다. 이 정원은 향후 50년 동안 벤디고에서 예측되는 극단적인 기후 조건과 강수 패턴을 반영하여 식물을 선택했다. 집중 호우와 홍수에 대비하기 위해 혁신적 시스템도 적용했다. 평상시에는 다양한 행사와 마켓이 열리는 중앙 잔디밭이, 폭우 시에는 빗물을 일시적으로 저장하는 저류지 역할을 한다. 이로써 하류 지역의 홍수 위험을 줄이고, 전 구역은 재활용수를 사용해 미래의 가뭄과 물 부족에 대비한다. 이 정원에는 500종 이상의 토착 자생 식물뿐만 아니라 남아메리카, 아프리카, 지중해 등 비슷한 기후 조건에서 자라는 강건한 외래종들이 함께 풍성하게 자란다.

 이미 오랜 역사와 전통 속에 경험과 노하우가 많은 이 선진 정원들의 사례로부터 우리는 도시 정원의 효율적인 물 관리를 위한 아이디어와 교훈을 얻을 수 있다. 일단 보다 많은 빗물 정원과 자연형 연못, 습지를 만들어 빗물을 최대한 머금고 자연스럽게 땅속으로 스며들게 해야 한다. 빗물 정원이 도시의 다양

호주 벤디고 식물원의 '미래를 위한 정원' ©Taylor Cullity Lethlean, 2025

한 구역에 설치되면 오염된 물이 직접 하천으로 흘러가기 전에 식물을 통해 흡수되어 정화될 수 있다. 이러한 시스템은 홍수를 방지하고, 수질을 개선하며, 도시의 생태계를 복원하는 역할을 한다. 모아둔 빗물을 건조한 시기 정원의 식물을 위해 재활용할 수 있는 인프라를 구축하는 것도 지속 가능한 미래를 위한 의미 있는 투자가 될 것이다. 국립세종수목원에는 인접한 금강에서 물길을 끌어와 2.4킬로미터를 구비구비 흐르도록 만든 '청류지원淸流之園'이라는 이름의 수변 공간이 있다. 여기에는 여러 붓꽃 종류와 연꽃을 비롯한 다양한 수생 식물과 함께 각종 새와 동물, 곤충이 공존한다. 이 물길은 평상시 수목원에서 자라는 4,300여 종의 식물들에 필요한 물을 공급해줄 뿐만 아니라, 가뭄과 홍수에 탄력적으로 수위를 조절하여 정원을 지속 가능하게 가꿀 수 있게 해준다.

물을 현명하게 다루는 정원은 앞으로 심화될 기후 위기에 대응할 수 있는 미래 지향적 해결책을 제공할 수 있다. 이제 정원은 단순히 장식적 공간을 넘어 물과 생태계의 조화로운 관계를 유지하는 중요한 역할을 맡고 있다. 고대인들이 물의 신성함을 존중하며 그 힘으로 문명을 일구고 정원을 가꾸었던 것처럼, 우리도 물을 지혜롭게 다루고 소중히 여겨야 한다.

그런 의미에서 주목할 개념이 바로 '제리스케이프Xeriscape'다. 미국 서부의 건조한 기후에서 시작된 이 조경 설계 방식은 내건성 식물과 토양 멀칭, 효율적인 관수 시스템을 활용해 물 사용을 최소화한다. 최근에는 기후변화에 대응하는 정원 모델로 전 세계로 확산되고 있다. 독일 베를린에서 논의되는 '자발적 자연Spontaneous Vegetation'이라는 개념도 잘 살펴볼 필요가 있다. 인위적 급수나 과도한 관리 없이 자생 식생을 보전·활용하는 접근이다. 이러한 흐름은 물을 절약하면서도 매력적인 경관을 창출하는 기후 위기 시대의 새로운 정원 패러다임을 보여준다.

 정원의 진화와 생물 다양성

　최근 몇 년간 세계적으로 강세를 띠는 정원 추세는 미적으로 아름다우면서도 생물 다양성을 높일 수 있는 자연주의 정원이다. 특히 런던과 파리, 시카고와 뉴욕, 시애틀, 토론토에 이르기까지 세계 주요 도시의 공원과 광장, 회사와 상가, 옛 산업단지 등에 이런 정원을 많이 만들고 있다.

　왜 이런 자연주의 정원 수요가 늘었을까? 점점 심각해지는 기후변화 시대에 인간과 자연이 공존해야 할 필요성이 더욱더 커지고 있기 때문일 것이다. 특히 생물 다양성의 중요함이 매우 강조되고 있다. 인간 활동의 증가로 야생 서식지가 사라짐과 동시에 지구온난화가 급속도로 진행되면서 세계적으로 꿀벌을 비롯한 '수분 매개자(폴리네이터pollinator)'가 급격히 감소하는 상황도 눈여겨봐야 한다. 유엔에 따르면 전 세계 벌과 나비의 40퍼센트가량이 멸종 위기라 한다. 지구 곳곳에서 살아가는 식물 종의 거의 90퍼센트가 이 폴리네이터들의 수분에 의존하고 있기 때문에 이들을 부양하는 생물 다양성 정원을 늘리는 일이 시급하다.

이런 맥락에서 세계적으로 유명한 영국의 그레이트 딕스터Great Dixter 정원에서 발간한 생물 다양성 보고서는 매우 고무적이다. 정원을 주변 초원, 목초지, 삼림 지대와 비교해, 생물 다양성의 거점으로 얼마나 큰 역할을 하는지 살펴보았는데, 결과적으로 이 정원의 다양한 서식지는 멸종 위기에 처했던 많은 곤충과 새의 활기찬 보금자리가 되었다. 여기서 중요한 건 단순한 녹지 면적이 아닌 질적 부분, 즉 큰키나무와 떨기나무, 여러해살이풀, 알뿌리식물 등 얼마나 다양한 식물을 바탕으로 서로 다른 유형의 서식처가 제공되었으며 그러한 서식처가 얼마나 잘 연결되어 있는가 하는 점이다.

도시 곳곳의 정원과 녹지 공간을 다양한 서식처로 이루어진 생물 다양성 거점으로 만들면 인간과 자연이 공존하는 거대한 생태계가 형성될 수 있다. 다행히 경관의 심미적 아름다움에 대한 사람들의 인식 변화도 생물 다양성이 풍부한 자연스러운 정원의 트렌드와 궤를 같이하고 있다. 연구에 따르면 전통적 잔디밭과 한해살이 꽃 위주의 인위적 화단보다는 더 다양한 식물이 혼합된 자연스러운 색상과 질감의 정원을 선호하는 사람이

영국 그레이트 딕스터 정원 입구 전경 ⓒ박원순

2장　　　　　　　　　　　　　정원의 미학

늘어나고 있다.

그렇다면 이렇게 생물 다양성이 높으면서도 아름다운 자연주의 정원을 도시에 어떻게 만들 수 있을까? 식물 군집에 대한 심층적이고 창의적인 연구를 바탕으로 한 식물 생태학과, 더 사려 깊고 예술적인 디자인의 접목을 통해 가능하다. 정원에 식물을 심고 가꾸는 일은 점점 더 과학과 예술 영역으로 확장하고 있는 것이다.

몇 가지 사례가 있다. 먼저 뉴욕 맨해튼의 폐고가철도를 개조하여 도시의 녹지 공간으로 변모시킨 하이라인High Line 정원이다. 2009년 개장 후 단계적으로 2.3킬로미터 거리의 철도 주변에 조성한 이 정원은 세계적 자연주의 정원 디자이너 피트 아우돌프Piet Oudolf가 설계를 맡았다. 나무와 여러해살이풀, 알뿌리식물 등 식물 500여 종을 심었는데, 수십 년간 방치되었던 철도에 자라던 뉴욕 자생 식물 150여 종을 그대로 살린 것이 특징이다. 이 정원은 자생 식물에 외래 식물을 보완해주면 생물 다양성을 크게 높이면서 훨씬 더 긴 기간에 걸쳐 다채로운 꽃을 피우며 수백 종의 야생 벌을 비롯한 나비와 새를 부양할 수 있다는 것을 보여주었다. 산업 유산과 자연이 교차하는 하이라인 정원은 도시 재생의 모범 사례로 꼽히며, 연간 800만 명이 넘는 관광객과 다양한 폴리네이터를 끌어들여 사람과 자연의 관계를 잇는 소중한 공간으로 재탄생했다.

미국 뉴욕의 하이라인 정원 ⓒ박원순

런던의 중심 주거 단지에 있는 바비칸 센터Barbican Centre에 2015년 조성한 비치가든Beech Garden도 획기적이었다. 셰필드대학교 조경학부에서 정원 디자인을 가르치는 나이절 더닛Nigel Dunnett 교수 작품이다. 바비칸에 원래 있던 정원은 전형적 관목과 잔디, 일년생 꽃으로 구성된 다소 식상한 공간이었다. 계절에 따라 화단 꽃을 교체해주고 식수용 물로 물주기를 해주어야 하는 관리 집약적 정원이기도 했다. 더닛은 토양 깊이가 35센티미터 정도로 얕은 이곳에 초원에서 온 다양하고 매력적인 식물들을 자연스럽게 무리 지어 심었다. 이들은 극단적 기후와 낮은 강수량에 잘 적응해 별도 물주기나 관리 작업이 거의 필요 없다. 사람들의 주목을 받지 못했던 지루한 정원은 이렇게 디자인한 초원으로 변한 이후 생물 다양성과 방문객 만족도를 크게 높이는 성과를 거두었다. 나이절 더닛의 정원 설계는 도시 조경과 생태학적 지속 가능성을 결합한 모범 사례로 평가받으며, 전 세계적으로 자연주의 정원 조성에 영감을 주는 대표적 사례로 손꼽힌다.

앞으로 도시에 필요한 자연주의 정원은 생물 다양성과 미적 아름다움을 동시에 충족하며 기후변화 적응성이 높고 지속 가능한 관리가 가능한 미래 지향적 정원이다. 남은 과제는 자생식물을 기반으로 더 많은 정원 식물을 개발하는 일이다. 외국에 좋은 사례가 많지만 그 식물들이 모두 우리나라 기후에 최적화된 것은 아니다. 보기 좋을 뿐만 아니라 기후변화와 병충해에도 강한 경쟁력을 지닌 자생식물 품종들을 많이 만들어내는 것이 시급하다.

도시 공터, 주차장 주변, 아파트 단지, 학교, 야외 쉼터 등 곳곳에서 다양한 꽃이 계절마다 만발한다면 각종 곤충과 새에게 이롭고 그 꽃들을 보는 사람들의 행복 지수도 높아질 것이다. 또한 공공의 정원과 녹지 공간은 생물 다양성의 중요성을 일깨우는 교육 현장으로서 중요한 공간이 될 수 있다.

3장

도시,
정원을 만들다

한 사람의 꿈으로 일구어낸 모두의 꿈

공공 정원public garden이란 무엇일까? 단순히 일반인에게 개방된 모든 정원을 뜻하는 것일까? 그렇다면 시민들이 많이 찾는 공원도 공공 정원에 포함될까? 미국 공공 정원 협회American Public Gardens Association, APGA에서는 공공 정원에 대한 고민을 아주 오랫동안 해온 끝에 그 정의를 다음과 같이 내린다. "교육, 연구, 보전, 그리고 대중 전시를 목적으로 식물 컬렉션을 유지하는 미션 기반의 기관." 또한 공공 정원이 갖추어야 할 필수 요소로, 미션 선언문, 식물 컬렉션, 식물 정보 이력 관리 시스템, 전문 인력, 대중의 접근성 등을 제시한다. 바로 이러한 점들이 일반적인 공원과의 차이점이라 할 수 있다.

미국에서 공공 정원의 대표적인 예로는 뉴욕 식물원New York Botanical Garden, 미주리 식물원Missouri Botanical Garden, 롱

우드 가든Longwood Gardens과 같은 정원이 있는데, 이 기관들은 비영리 단체, 정부 기관, 또는 대학과 같은 기관에서 운영하는 경우가 많다. 대부분 방대한 식물 컬렉션을 보유하고 있으며, 식물학 연구, 종 보전, 생태 환경 교육 등 공익적 역할을 수행한다. 또한 대중이 쉽게 접근할 수 있도록 개방되어 있으며, 일부 정원은 입장료를 받기도 하지만, 단순한 정원 감상이 아닌 식물과 자연에 대한 깊은 이해를 제공하는 것이 주된 목적이다.

공공 정원은 개인 정원private garden과 근본적으로 다르다. 개인이 소유한 정원은 제한적으로 방문객을 받거나 관상을 위해 조성된 공간이지만, 공공 정원은 연구와 교육을 위한 공간으로 기능하며 지속 가능한 환경 조성과 식물 다양성 보전을 목표로 운영된다. 또한, 워크숍, 강연, 정원 가이드 투어 등 다양한 프로그램을 통해 일반 대중과 전문가들이 교류할 수 있는 기회를 제공한다. 이러한 특성 덕분에 공공 정원은 단순한 녹지 공간을 넘어, 식물학적 지식과 자연의 가치를 공유하는 중요한 문화·학술 기관으로 자리 잡고 있다.

공공 정원의 유형도 다양하다. 전통적인 식물원과 수목원뿐만 아니라, 박물관, 동물원에 딸린 정원, 역사적 정원, 전시 정원도 공공 정원이 될 수 있다. 다만, 앞서 언급한 공공 정원의 요건에 해당하는 경우에 한해서다.

미국에서는 과거 사업가와 재벌가들이 개인 정원을 조성

한 후, 나중에는 지역 사회에 기부하는 사례가 많았다. 이런 정원들은 비영리 기관으로 운영되며 지역민들에게 사랑받는 공공 정원이 되어 왔다. 대표적인 사례 중 하나가 펜실베이니아주의 챈티클리어 가든Chanticleer Garden이다. 이 정원은 원래 제약업계 거물 아돌프 로젠가르텐Adolph Rosengarten, Sr.(1876~1955)의 여름 별장으로 조성되었다. 이후 1993년부터 대중에게 개방되었으며, 현재는 예술적 정원 디자인과 다양한 식물 컬렉션으로 유명하다. 모리스 수목원Morris Arboretum은 철강 및 철도 사업으로 부를 축적한 모리스 철강회사I.P. Morris Company 가문의 존 모리스John Morris(1847~1915)와 리디아 모리스Lydia Morris(1849~1932)가 1887년 매입한 부지를 기반으로 조성되었다. 식물학과 정원에 관심이 많았던 두 남매는 이곳을 정원과 수목원으로 가꾸었으며, 1932년 리디아 모리스의 유언에 따라 펜실베이니아 대학교에 기증되면서 오늘날 대학 부설 수목원으로 운영되고 있다.

영국에서도 개인이 조성한 정원이 후대에 공공 정원이 된 사례가 많다. 과거 귀족들의 정원은 관리가 어려워지면서 방치되는 경우가 많았고, 후손들 역시 유지·관리에 대한 부담을 안게 되었다. 이 문제를 해결하기 위해 1895년, 내셔널 트러스트 National Trust가 설립되었다. 내셔널 트러스트는 영국의 문화와 자연유산을 보호하는 비영리 단체로, 역사적 정원과 건축물, 자연 보호 구역 등을 관리하고 있다. 덕분에 자칫 사라질 뻔했던 정원들이 보전되어 오늘날에도 많은 이들의 사랑을 받는 공간이 되었다.

내셔널 트러스트는 현재 영국에서 가장 넓은 토지를 보유한 기관 중 하나로, 약 25만 헥타르의 토지와 1,260킬로미터에 이르는 해안선을 관리하고 있다. 여기에는 500개 이상의 역사적인 성과 주택, 정원과 공원, 자연 보전 구역뿐만 아니라, 제2차 세계대전 이후 방치된 시골 저택과 영지, 호수 등도 포함된다. 흥미롭게도, 비틀즈의 존 레논John Lennon과 폴 매카트니Paul McCartney가 어린 시절을 보낸 집도 내셔널 트러스트의 보호를 받고 있다.

내셔널 트러스트가 관리하는 정원 중 흥미로운 이야기를 지닌 곳 가운데 비덜프 그레인지 가든Biddulph Grange Garden이 있다. 이 정원은 19세기 중반, 식물학자이자 수집가였던 제임스 베이트먼James Bateman(1812~1897)이 20여 년에 걸쳐 조성한 정원이다. 그는 전 세계에서 수집한 다양한 식물을 배치하여 각기 다른 테마의 정원을 만들었다. 특히 중국 정원은 마치 비밀의 화원처럼 독특하게 설계했는데, 만리장성을 연상시키는 담과 둑으로 둘러싸여 있어 방문객들에게 신비로운 분위기를 제공한다. 다양한 문화와 식물을 한곳에서 경험할 수 있는 이 독특한 정원은 내셔널 트러스트의 보전 노력 덕분에 오늘날 많은 이들

영국 스태퍼드셔주 소재 비덜프 그레인지 가든Biddulph Grange Garden에 있는 이집트 정원의 스핑크스 조각상 출처: 위키피디아

에게 사랑받는 명소로 자리 잡았다.

　외국의 유명한 공공 정원과 비슷한 사례를 우리나라에서도 찾아볼 수 있을까? 우리나라에도 개인이 조성한 정원이 온 국민의 사랑을 받는 공공 정원으로 변모한 훌륭한 예가 있다. 바로 충남 태안의 천리포수목원이다. 이 수목원은 고 민병갈 원장(1921~2002)이 조성한 국내 최초 민간 수목원으로, 2009년부터 일반 대중에게 개방되었다. 민병갈(본명: Carl Ferris Miller)은 미국 펜실베이니아주 출신으로, 1952년 유엔 군사 원조단의 일원으로 한국에 왔다가 이후 한국 은행에서 근무하기 시작하면서 우리나라에 정착했다. 1960년대 태안반도를 여행하던 중 그곳의 아름다운 풍광과 식물에 매료되어 부지를 매입하고 나무를 심기 시작했고, 1970년 정식으로 수목원을 설립했다.

　그가 이룬 업적은 실로 크다. 무엇보다도 수목원 운영 시스템을 구축하고, 체계적인 식물 정보 이력 관리 시스템을 도입했다. 그의 노력 덕분에 오늘날 천리포수목원은 전 세계 60여 개국에서 수집한 1만 6,000분류군이 넘는 식물 자원을 보유하게 되었으며, 이는 천리포수목원뿐만 아니라 우리나라의 중요한 자산이기도 하다. 특히 호랑가시나무, 목련, 동백나무, 무궁화, 단풍나무 등 희귀 식물 컬렉션을 집중적으로 확보하여 국내 식물 연구와 보전에 큰 기여를 했다. 그 결과, 천리포수목원은 2000년 국제수목학회로부터 세계에서 열두 번째, 아시아에

충남 태안 소재 천리포수목원 설립자 고 민병갈 원장의 흉상이 놓인 '밀러 가든Miller Garden' 풍경 ⓒ박원순

서는 최초로 '세계의 아름다운 수목원'으로 인증받기도 했다. 안타깝게도 민병갈 원장은 2002년 우리 곁을 떠났지만, 천리포수목원은 이사회를 통해 지속적으로 운영되었으며, 2009년에는 일반인에게 개방되었다. 현재는 매년 수십만 명의 방문객이 찾는 대한민국 대표 수목원으로 자리 잡았다. 개인이 평생 가꾼 정원이 공공의 정원이 된다는 것은 결코 쉬운 일이 아니다. 그만큼 정원을 만든 사람의 뜻과 철학이 지역 사회를 통해 계승되고, 이후 세대까지 이어질 만큼 높은 가치와 의미를 지니고 있기에 가능한 일일 것이다.

우리나라에서 최근 활발히 조성되고 있는 수많은 민간정원들 중에서도, 앞으로 오랜 세월 잘 가꾸어져 공공에 개방되고 더 많은 이들의 사랑을 받는 훌륭한 정원들이 많이 탄생하길 기대한다.

 ## 상처마저 보듬어 비옥하게

역사적으로 정원은 어려운 시기를 견디고 새로운 삶을 일구기 위한 희망의 씨앗이 뿌려지는 공간이었다. 특히 여성들은 마치 대지의 여신과도 같이 정원을 보살피는 헌신의 주체가 되어 가족과 지역 공동체의 삶을 지켜왔다.

정원은 어머니의 마음을 닮았다. 어렵고 힘든 살림 속에서도 많은 식구를 돌보며 생계를 꾸려나가던 우리 어머니와 할머니 들은 척박한 땅에 텃밭을 일구고 인내로 기다리며 꽃과 채소를 키웠다. 그들의 강인한 정신은 정원이 단순히 생계를 위한 공간을 넘어, 고난 속에서 모두가 삶의 활력을 되찾고 다시금 가장 아름다운 꽃을 피우기 위해 노력해야 하는 이유를 부여하는 회복과 생명의 상징임을 보여주었다.

특히 전쟁과 같이 비극적인 사건을 겪은 후 빠른 회복과 치유가 필요한 국가와 사회에서 여성의 역할은 매우 컸다. 제1차 세계대전 이후, 미국 필라델피아에서는 여성 정원사들을 중심으로 가든 클럽 오브 아메리카The Garden Club of America가 설립되었다. 이 단체는 전쟁 후 황폐해진 마을과 사람들의 마음을 정원을 통해 회복시키고 치유하는 데 팔을 걷어붙였다.

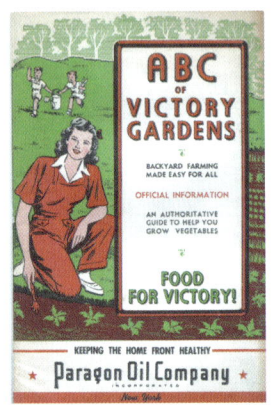

D.H. 베드퍼드D.H. Bedford, 〈승리의 정원 ABCABC of Victory Gardens〉, 미국 농무부USDA, 1934년. 전쟁 시기 가정에서 직접 작물을 재배하는 방법을 안내한 홍보 책자

그들의 대표적인 활동인 승리 정원Victory Gardens 운동은 각 가정에서 자급자족으로 채소를 길러 먹을 수 있는 정원을 만드는 것이었다. 이는 전쟁으로 인한 식량 부족 문제를 해결하고자 한 노력의 일환이었지만, 결과적으로 사람들이 자립심을 되찾고 공동체와의 연결을 강화하는 계기가 되었다. 비슷한 시기 영국에서도 도시와 시골 곳곳에서 승리 정원 운동이 확산되어, 전쟁으로 인한 황폐함을 극복하고 공동체의 유대를 강화하는 데 기여했다.

미국 뉴욕 출신 작가이자 사회 운동가였던 이디스 워튼Edith Wharton(1862~1937)은 가든 클럽의 활동에 깊이 공감하며 전후 구호 활동에 참여했다. 1921년, 소설《순수의 시대The Age

비상관리국 전쟁정보국, 1943년경. 제2차 세계대전 중 런던의 한 부부가 독일군의 폭격으로 생긴 크레이터에 채소를 심어 생명을 키우는 모습. "승리의 정원. 나치가 죽음을 뿌린 곳에, 런던 시민들은 생명을 심었다."

미국의 작가이자 정원사였던 이디스 워튼을 그린 초상화, 에드워드 해리슨 메이Edward Harrison May, 1870년, 영국 국립 초상화 갤러리National Portrait Gallery 소장

3장　　　　　　　　　　　　도시, 정원을 만들다

미국 작가 이디스 워튼의 프랑스 저택 파빌리온 콜롬브Pavilion Colombe의 정원을 담은 사진. 워튼은 이곳에서 글을 쓰며 정원 디자인에 대한 열정을 이어갔다. 〈파빌리온 콜롬브의 정원Gardens at Pavilion Colombe〉, 프랜시스 벤저민 존스턴Frances Benjamin Johnston, 1925~1926년, 흑백 사진, 미국 의회도서관Library of Congress 소장

of Innocence》로 여성 최초 퓰리처상을 수상하기도 했던 그녀는 정원을 자연과 인간의 조화로운 관계를 탐구하는 공간으로 보았다. 그녀의 소설 속에는 정원이라는 공간에 대한 세심한 묘사가 많이 등장한다.

> "잔디밭은 벨벳처럼 매끄럽게 다듬어져 있었고, 화단의 꽃들은 마치 장식가가 패턴을 맞추어 심은 것처럼 보였다."
>
> —《순수의 시대》, 민음사, 320쪽

사실 그녀의 위대한 문학 작품들은 정원사로서 이미 수십 년간 쌓아온 경험에서 비롯된 것이었다. 그녀는 1900년대 초반부터 자신의 정원을 직접 설계할 정도로 열정적인 정원가이기도 했기 때문이다. 매사추세츠주에 위치한 저택 더 마운트The Mount에 이탈리아와 프랑스 정원 양식을 결합한 디자인과 화려한 꽃밭을 설계하여 자신의 추구하는 정원 철학을 구현했다.

1904년 출간한 저서《이탈리아의 빌라와 그 정원Italian Villas and Their Gardens》은 그녀의 이탈리아 정원 여행에서 받은 영감을 바탕으로, 정원의 예술적 가치와 공간 철학을 집대성한 작품이었다. 워튼은 정원이 단순히 아름다움을 넘어, 공간의 구조와 색감, 계절의 변화를 통해 이야기를 전달할 수 있는 힘을 가진다고 믿었다. 그러므로 정원은 소설 속 이야기처럼 사람들에게 특별한 감정을 불러일으킬 수 있다고 생각했다.

더 마운트의 텃밭 정원Kitchen Garden 설계에는 그녀의 조카이자 장차 미국 최초의 위대한 여성 조경가로 평가받게 될 베아트릭스 퍼랜드Beatrix Farrand(1872~1959)가 함께했다. 퍼랜드는 하버드대학교 아놀드 수목원Arnold Arboretum 원장이자 식물학 대가였던 찰스 사전트Charles Sprague Sargent(1841~1927)의 가르침을 받았고, 이후 백악관 정원을 비롯해 워싱턴 D. C.의 덤바턴 오크스 정원Dumbarton Oaks Garden 등 조경사에 남을 여러 걸작 정원을 설계했다.

가든 클럽은 여성 정원가들의 헌신과 열정적인 활동에 힘입어 정원 문화를 전국적으로 확산시키며, 지역 정원 클럽과 연대하여 대규모 붐을 일으켰다. 그들의 활동은 단순히 전쟁을 극복하는 데 그치지 않았다. 이후 많은 어려움이 극복되고 사회가 안정된 상황에서도 그들의 비전은 가드닝과 원예, 예술과 문학, 식물학, 환경 보전에 대한 관심을 불러일으키고 정원의 가치를 널리 알리는 것이었다.

오늘날에도 가든 클럽은 정원의 미래를 위해 왕성한 활동을 이어가고 있다. 특히 식물학에 대한 관심이 줄어드는 것을 우려하여 대학생들에게 현장 식물학 장학금 프로그램을 제공하는 등 정원의 가치를 다음 세대에 전수하는 데 힘쓰고 있다. 롱우드 가든에서도 여성 자원봉사자 어르신들과 함께 일할 기회가 많았다. 그중에는 젊은 시절 가든 클럽 회원으로 왕성히 활동했던 분들도 있었다. 세월이 흘러 다들 많이 연로했지만 여전히 자신들의 경험과 지식을 나누어주며 후배 정원사들을 양성하는 데 열정과 지원을 아끼지 않는 모습에 큰 감명을 받았다.

굴곡 진 역사 속에서 어머니와 같은 헌신으로 가정과 공동체를 위해 정원을 가꾸어 온 여성들은 정원의 근간에 박애 정신을 녹여왔다. 그들의 정원은 단순히 생명의 공간을 넘어, 과거에서 현재, 그리고 미래로 이어지는 지혜와 희망의 상징으로 남아 있다. 그들의 땀과 눈물 덕분에 정원은 우리 삶을 보듬는 어머니의 품과도 같이 다가온다. 오늘날 후손들이 풍요로운 사회 속에서 잘 살아갈 수 있는 원동력은 그러한 모성애에 바탕을 두고 있다. 이 정신은 세대에서 세대로 계속 이어지고 있으며, 덕분에 정원은 오늘날에도 우리에게 치유와 영감으로 미래를 밝히는 등불로 작용하고 있다.

 ## 더불어 가꾸는 삶의 터전

　입장료를 내고 들어가야 하는 수목원이나 식물원, 국가정원처럼 큰 규모의 정원이 아니더라도, 지역민들이 함께 식물을 재배하고 나누는 정원을 만들고 관리할 수 있다. 이런 정원을 공동체 정원, 혹은 커뮤니티 가든community garden이라고 부른다.

　커뮤니티 가든의 역사는 오래되었다. 17~18세기 영국에서 시작된 '공유지common land' 개념이 그 시초로 알려져 있다. 이러한 공유지는 지역 공동체 구성원들이 공동으로 이용할 수 있는 토지를 의미했는데, 주로 가축을 기르고 작물을 경작하는 목적으로, 주민들의 생계와 밀접한 관련이 있었다. 19세기 산업혁명 이후에는 도시화로 인해 농촌 인구가 도시로 몰리면서 생긴 식량 부족과 빈곤 문제를 해결하기 위해 '시민 농장'이라는 뜻의 '얼롯먼트 가든allotment garden' 제도가 마련되었다. 도시 주

미셸 오바마와 백악관 셰프 샘 카스가 뱅크로프트 초등학교 학생들에게 정원 가꾸는 법을 가르치는 모습. 백악관 채소 정원 공식 조성일 ©Samantha Appleton, 2009

민들에게 소규모 토지를 빌려주어 자급자족을 위한 채소나 과일을 재배할 수 있도록 한 것인데, 이것이 오늘날 커뮤니티 가든의 전신이라고 할 수 있다. 커뮤니티 가든은 개인 중심이 아니라 공동체와 지역 사회 중심으로 주민들이 함께 협력하여 가꾸고 관리하는 공유 정원이라고 볼 수 있다.

미셸 오바마Michelle Obama 전 미국 대통령의 부인은 열렬한 정원사이자 커뮤니티 가든 활동가였다. 그녀는 2009년 백악관 남쪽 잔디밭에 '키친 가든Kitchen Garden'을 조성해 신선한 채소와 과일, 허브를 재배하며 지역 사회와의 소통을 강조했다. 이 정원은 건강한 식습관과 아동 비만 퇴치를 위한 '렛츠 무브Let's

Move' 캠페인의 일환으로 운영되었는데, 수확물은 백악관 주방과 지역 자선 단체에 제공되었다. 미셸 오바마는 정원 활동을 통해 어린이들이 건강한 식습관을 가질 수 있도록, 여러 학교의 학생들을 초대하여 함께 식물을 심고 가꾸는 행사를 진행했다. 그녀는 아이들이 자신이 먹는 음식을 직접 재배해보면, 그 음식을 먹는 데 더 큰 흥미를 갖게 된다는 점을 강조했다.

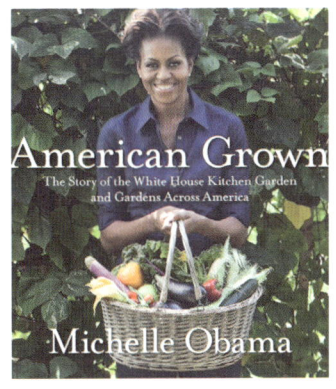

미셸 오바마가 집필한 책 《아메리칸 그로운: 백악관 주방 정원과 미국의 정원 이야기American Grown》(2012)의 표지. 백악관 키친 가든과 미국 전역의 정원 이야기를 담아 집필한 책. 건강한 식습관과 커뮤니티 가든의 중요성을 강조한다.

공공성과 교육성을 품은 상징적 도시 텃밭의 모델을 제시한 이 프로젝트는 전국적인 관심을 불러일으키며, 2008년에서 2013년 사이 미국 내 커뮤니티 가든 참여 가구가 100만에서 300만으로 늘어나는 변화의 흐름을 견인했다. 이러한 흐름과 궤를 같이해 2022년, 오바마 재단은 시카고에 위치한 오바마 대통령 센터 캠퍼스에 '엘리너 루스벨트 과일 및 채소 정원Eleanor Roosevelt Fruit & Vegetable Garden'을 조성하겠다고 발표했다. 이 정원은 미셸 오바마의 백악관 키친 가든에서 영감을 받아 설계

지역민들과 다양한 교육·체험 프로그램을 진행하고 있는 국립세종수목원의 생활정원 전경 ⓒ박원순

되었으며, 방문객이 직접 작물을 재배하고 수확하며 조리까지 체험할 수 있는 공간으로 꾸며질 예정이다.

    내가 일하고 있는 수목원에도 '생활정원'이라는 이름의 텃밭 정원이 있다. 상추, 고추, 양배추 같은 일상적인 채소부터, 케일, 비트, 콜라비 같은 쌈채소, 목화, 에그플랜트, 토마토, 아스파라거스, 포도나 다래 같은 열매까지 다양한 먹거리 작물이 자라고 있다. 한편에는 이동형 닭장을 만들어 장닭과 오골계를 키우는데, 배설물이 어느 정도 밭에 뿌려지면 닭장을 옆 화단으로 옮겨 자연스럽게 흙을 퇴비화시킨다. 빗물을 수집하고 저장했다가 식물들에게 물을 줄 때 활용하는 '빗물모아'라는 이름의 빗물 저장통도 있다. 각종 음식물 쓰레기와 나뭇가지 등을 모아 퇴비로 만들 수 있는 퇴비함도 있다. 수목원의 정원사들이 땀 흘리며 정성으로 가꾸는 이 생활정원 같은 공간이 곳곳에 있다면 지역민들이 건강한 식단을 꾸리며 자급자족할 수 있는 시스템을 갖출 수 있을 것이다.

또한 생활정원에서는 어린이, 청소년뿐 아니라 어른들을 위한 교육 및 체험 프로그램도 상시적으로 운영되고 있는데, 모든 프로그램이 반응이 뜨겁다. 특히 젊은 부모와 어린아이들은 자신이 먹는 음식 재료들이 실제로 자라는 모습에 놀라며 큰 관심과 호기심을 보인다. 어떤 학생들은 이러한 교육 프로그램을 계기로 식물에 지대한 관심을 갖게 된 후, 수목원 정원사들을 수시로 찾아와 식물에 대해 배우고 있다. 참으로 흐뭇하고 보람 된 일이 아닐 수 없다.

커뮤니티 가든은 여러모로 현대 도시민들에게 큰 이점을 제공한다. 첫째, 건강한 먹거리를 직접 생산해 먹을 수 있다. 특히 농약과 화학비료에 노출되지 않은 유기농법으로 재배된 채소는 건강에 좋을 뿐만 아니라 맛과 식감도 다르다. 커뮤니티 가든은 단순히 함께 기른 채소를 나누어 먹는 것을 넘어, 지식과 경험 나눔을 통한 소통과 교류의 기회의 장이 된다.

예를 들어, 브루클린 그레인지Brooklyn Grange는 2010년 뉴욕에 설립된 세계 최대 규모의 옥상 농장이다. 도심 속에서 지속 가능한 농업을 실현하고 있는 혁신적인 사례로, 매년 22톤 이상의 유기농 채소를 재배해 지역 레스토랑과 시장에 공급한다. 이 옥상 공간에서는 요가, 결혼식, 워크숍 같은 이벤트도 진행되는데, 수익은 지역 사회를 위한 교육과 환경 보호 활동에 재투자된다. 브루클린 그레인지는 주민들과의 협력을 바탕으로 다양한 프로그램을 운영하며 도시 농업과 커뮤니티의 허브로 자리 잡았다.

둘째, 정원 활동으로 얻어지는 건강이다. 정원을 가꾸려면 어쨌든 몸을 움직여야 하므로 자연스럽게 신체 활동을 촉진한다. 씨를 뿌리고, 물을 주고, 지줏대를 세우고, 잡초를 뽑고, 수확하는 모든 과정이 우리가 평소에 사용하지 않는 근육들을 계속 움직이게 하여 좀 더 건강한 컨디션을 유지하게 해준다. 이러한 이점은 특히 어린아이들에게 소근육 발달, 창의력 증진, 집중력 향상 등 전인 교육 효과를 제공한다.

셋째, 커뮤니티 가든은 사회적 유대와 공동체 의식을 키우는 데 중요한 역할을 한다. 함께 정원을 가꾸며 서로를 돕는 과정에서 싹트는 믿음과 우정을 통해, 사람들은 이 세상이 결코 혼자가 아님을 느끼고 긍정적인 감정을 얻을 수 있다. 특히 OECD 회원국 가운데 자살률이 높은 우리나라에서는 커뮤니티 가든이 제공할 수 있는 해법이 예상보다 클 수 있다. 도시에서 홀로 살아가는 많은 사람들에게 외로움은 경제적 어려움과 더불어 가장 큰 고충 중 하나이기 때문이다. 영화 〈퍼펙트 데이즈Perfect Days〉에서 화장실 청소를 직업으로 삼고 있는 주인공에게 위안을 주는 것은 오래된 팝송 테이프들, 작은 화분들, 그리고 가끔 올려다보는 울창한 나뭇잎들과 그 사이로 비치는 하늘을 찍은 사진들이다. 주인공이 홀로 벤치에 앉아 점심을 먹거나 휴식을 취할 때, 주변에 자신처럼 혼자인 사람들과 눈인사를 주고받는 장면들이 많이 나오는데, 그런 모습 속에 사람에 대한 그리움이 절실하게 느껴진다.

식물을 매개로 한 커뮤니티 가든은 이러한 외로움을 해소하고 사람 간의 연결과 공동체 의식을 되살리는 데 강력한 해결책이 될 수 있다. 혼자 사는 외로운 직장인들도 얼마든지 커뮤니티 가든 활동에 참여할 수 있다. 퇴근 후 옥상 공간을 활용해 채소를 재배하며 함께 활동하는 동호회도 점점 늘어나고 있다.

지역 공동체에서 자연스럽게 형성된 커뮤니티 가든도 있지만, 수목원이나 식물원에서 운영하는 커뮤니티 프로그램도 주목할 만하다. 예를 들어, 학생 인턴 제도나 자원봉사, 다양한 시민 공동체와 함께 만들어 가는 공유 정원 프로그램이 있다. 꼭 텃밭을 가꾸는 일이 아니더라도, 정원에서 계절별로 이루어지는 다양한 활동에 참여하며 정원 일의 즐거움과 공동체 생활의 기쁨을 누릴 수 있다.

쿠바의 수도 아바나에 위치한 식물원 '킨타 데 로스 몰리노스Quinta de los Molinos'의 사례가 흥미롭다. 이 식물원은 180년의 역사를 가진 국가 지정 문화재로, 중남미 지역에서 가장 오래된 식물원 중 하나다. 이곳은 포용과 지속 가능성을 실현하는 혁신적인 사례로 주목받고 있다. 최근에는 장애인을 위한 프로그램이 돋보인다. 특히 신경다양성neurodiversity(자폐 특성, 지적 스펙트럼, ADHD, 학습 장애, 사회 소통 장애 등 뇌신경의 차이로 인해 발생하는 다름을 생물적 다양성으로 인식하는 관점)을 가진 이들에게 일자리를 제공하여 식물원을 함께 운영·관리하고 있다. 심리학자와 교육자의 지원 아래 이들을 위한 맞춤형 업무 지침서도 마련되었다. 이를 통해 비록 장애가 있지만 다양한 능력을 가진 사람들이 자신에게 맞는 적절한 고용의 기회를 얻게 된 것이다. 이 식물원은 커뮤니티 가든이 자연과 사람을 잇는 공간으로서, 지역 사회의 포용력과 지속 가능성을 실현할 수 있는 강력한 잠재력을 지니고 있음을 보여준다.

지금까지 살펴보았듯, 이제 커뮤니티 가든은 전 세계적으로 단순한 정원을 넘어, 현대 사회가 직면한 다양한 문제를 해결할 수 있는 새로운 대안으로 자리 잡고 있다. 우리나라도 지역 공동체와 아동·청소년 그리고 사회적 약자들을 위한 커뮤니티 가든 조성과 활성화를 위해 정치·사회·경제적으로 영향력 있는 이들의 적극적인 후원과 참여가 절실하다.

눈 속에서도 푸르른 겨울 정원

사계절의 끝에서 겨울 정원은 다른 계절과는 또 다른 차원의 매력으로 다가온다. 겨우살이mistletoe 아래서 키스를 나누면 사랑이 이루어진다는 크리스마스 캐럴 단골 가사처럼 겨울 정원은 뭔가 설렘을 자극하는 특별한 시즌과 맞물려 있다. 눈이 소복이 내린 겨울 정원의 아름다움은 꽃이 만발했던 시절의 화려한 정원에서 느낄 수 없는 감동과 영감을 전해준다.

야외 정원에 자리 잡은 구상나무를 비롯한 침엽수들이 특유의 푸른 자태와 질감으로 존재감을 드러내는 시기도 겨울이다. '한국 전나무Korean Fir'라고 불리는 구상나무는 전 세계 우리나라에만 자생하는 특산 식물로 일찍이 유럽에 소개돼 겨울 시즌을 대표하는 크리스마스 트리 품종으로 육성되기도 했다.

늘푸른나무인 침엽수 잎들을 종류별로 자세히 보면 다양

한 빛깔의 초록을 즐길 수 있다. 짙은 숲 같은 녹색 소나무도 있고, 신비로운 은빛이 감도는 푸른색 은청가문비나무, 에메랄드 빛 초록을 선사하는 서양측백 종류도 있다. 사실 초록의 스펙트럼은 매우 넓다. 매년 '올해의 색상'을 발표하며 글로벌 트렌드를 선도하는 팬톤Pantone 컬러는 300가지에 이르는 녹색 계열의 색상을 고유 번호로 지정할 정도다. 스위스의 심리학자 카를 융Carl Jung(1875~1961)이 언급했듯이 초록은 마음에 평온함을 주는 색이므로, 겨울에 늘푸른나무의 잎들을 자주 보면 볼수록 정신 건강에도 좋다. 영국 철학자 프랜시스 베이컨Francis Bacon(1561~1626)도 아름다운 겨울을 위해 정원에 되도록 많은 종류의 늘푸른나무를 심을 것을 제안했다.

겨울에 잎이 모두 떨어진 줄기 자체가 빨강, 노랑, 주황 같은 강렬한 색깔을 나타내는 나무들도 겨울 정원의 매력을 더한다. 메마른 마음에 생기를 돋워주는 이 나무들은 주로 흰말채나무, 버드나무, 회화나무의 품종들이다. 자작나무를 비롯해 중국복자기, 티베트벚나무, 적피배롱나무 같은 종류는 범상치 않은 나무껍질을 통해 예술적 색감과 질감을 드러내기도 한다. 겨울 정원은 서리가 곱게 내린 이른 아침, 해가 떠오를 무렵이 가장 아름답다. 참억새, 수크령, 기장, 새풀 종류처럼 아름답게 시든 꽃이삭과, 큰꿩의비름이나 오이풀처럼 우아하게 마른 씨송이 위로 아침 서리가 내려앉은 풍경은 마치 눈꽃이 핀 듯 찬란

하다.

추위로부터 보호된 실내 공간은 겨울에만 볼 수 있는 특별한 꽃과 장식으로 즐겁고 설레는 정원으로 거듭날 수 있다. 역사적으로 살펴보면, 겨울에도 꽃을 감상할 수 있는 실내 온실을 '겨울 정원Winter Garden'이라 불렀다. 1616년 프랑스 작가 장 프라노Jean Franau는 《겨울 정원 또는 꽃 전시실Jardin d'hiver ou cabinet des fleurs》이라는 제목의 책을 통해 꽃이 가득한 겨울 정원의 아름다움을 다채로운 꽃 세밀화와 함께 소개했다. 19세기 영국 빅토리아 시대에 본격적으로 등장한 대규모 유리온실은 추운 겨울 동안 다양한 이국의 식물들을 감상할 수 있게 해줬다. 이 시기 온실은 단순히 식물을 보호하는 차원을 넘어 겨울철 여가와 사교의 공간으로 자리 잡기도 했다. 그중에서도 1851년 영국의 조셉 팩스턴Joseph Paxton(1803~1865)이 런던 만국박람회를 위해 설계한 유리 건축물 크리스털 팰리스The Crystal Palace는 겨울 정원의 개념을 전 세계에 대중적으로 알린 대표적인 사례다.

현대의 사례로는 2003년에 개장한 셰필드 윈터 가든Sheffield Winter Garden을 눈여겨볼 필요가 있다. 영국 셰필드 도심에 있는 이 유리온실은 유럽의 도시 온실 가운데 최대 규모에 속한다. 길이 70미터, 높이 21미터에 달하는 온실에는 2,000종 이상의 식물이 자라고 있다. 포물선을 그리는 곡선형 프레임에 사용

곡선형 목재 프레임으로 조성된 셰필드 윈터 가든 출처: iStock

된 목재는 유럽잎갈나무 판을 층층이 붙인 집성목으로 뛰어난 내구성을 자랑한다. 지능형 온실 관리 시스템도 갖췄다. 매년 데이터 학습을 통해 스스로 효율성을 높이는 팬과 환풍구 제어로 여름은 시원하게 겨울은 따뜻하게 유지된다. 셰필드의 도시 재생을 상징하는 이 온실은 도시민들과 관광객 모두가 자연과 문화를 함께 즐길 수 있는 특별한 공간이다.

수목원이나 식물원에 만들어진 온실은 특별히 '컨서버토리 Conservatory'라고 부른다. 중요한 식물 자원을 보전하는 장소라는 측면에서 음악, 예술, 문화를 보존하고 가르치는 컨서버토리와 같은 개념이다. 세계적으로 유명한 식물원 컨서버토리 중, 미국 펜실베니아주의 롱우드 가든을 빼놓을 수 없다. 이곳은 특히 겨울철 크리스마스 시즌에 특화된 꽃과 예술적인 전시로 잘 알려져 있다. 설립자 피에르 듀퐁Pierre S. du Pont(1870~1954)은 매년 크리스마스마다 롱우드 가든 직원 가족들을 초대해 파티를 열었는데, 아이들은 크리스마스 트리 주변에 쌓여 있는 선물 상자를 커다란 주머니에 맘껏 담아 가는 기쁨을 누렸다.

롱우드 가든의 국제 정원사 양성 과정에 참여하면서 그곳 정원사들과 함께 방문객들을 위해 정성껏 겨울 전시를 준비했던 시간은 사람과 정원에 대한 듀퐁의 정신이 여전히 생생하게 살아 숨 쉬고 있음을 확인할 수 있었던 값진 경험이었다. 밤을 새워 가며 꽃을 심고 나무를 옮기며 크리스마스 트리를 장식하는 작업이 무척 힘든 일인데도 모두가 마치 산타의 요정이라도 된 듯 신이 나 있었다. 곧 수많은 방문객이 찾아와 행복해하는 모습을 생각하며, 소중한 사람들을 위한 파티를 준비하듯 설레는 마음, 그것이 바로 아름다운 정원을 가꾸는 정원사의 마음이다.

    1921년 문을 연 롱우드 가든의 메인 콘서버토리는 전시 공간으로서의 기능뿐 아니라 세계 각국의 식물을 안정적으로 관리할 수 있는 시스템을 갖추었다. 당시로서는 최첨단의 난방·급수·동력 시스템을 설치했는데, 모두 지하 터널에 숨겨놓아 전시 공간의 장엄함을 해치지 않았다. 가령 지하에는 거대한 온실 화단 토양을 덥히는 루트 존root-zone 난방 시스템과 빅토리아수련 같은 열대 수생식물을 위한 온수 순환 장치가 설치되어 있다. 또한 관수 라인과 호스는 사용하지 않을 때는 땅속으로 감쪽같이 들어가 관람객 눈에 띄지 않고, 필요할 때는 쉽게 꺼내어 쓸 수 있어 관리 효율을 높였다. 물이 아무리 많이 주어도 곧바로 빠져나갈 수 있도록 설계된 배수 시스템도 정교하게 구축되어 있다. 여름철 더운 공기를 원활히 빼내는 환기·배기 장치, 정원사의 작업실과 각종 창고, 장비 관리동까지 세심하게 마련되어 있어 사계절 내내 쾌적한 전시·관람·관리 환경을 유지한다.

    최근 새롭게 지어진 웨스트 컨서버토리에는 약 100미터 깊이의 지열정地熱井 128개와 자동 개폐식 지붕, 실시간 환경 자동

2024년 11월 새롭게 선보인 롱우드 가든의 웨스트 컨서버토리 ⓒ박원순

제어 시스템까지 도입되었다. 또한 빗물을 수집·정화해 다시 관수에 활용하는 등 자연의 순환과 기술의 정교함이 어우러진 지속가능한 온실로 업그레이드되었다.

반면 우리나라의 대형 온실은 아직 갈 길이 멀다. 단순히 규모를 자랑할 뿐 내실 있는 설계와 운영은 미흡하다. 지은 지 얼마 되지 않아 비가 새거나 배관이 터지는 등 고장이 잦고, 고비용의 냉난방은 늘 고민거리다. 이제는 선진 온실 기술을 적극 도입해 에너지 효율적이고 친환경적인 설계를 갖추는 것이 절실하다.

무엇보다 관람객과 직원의 안전 그리고 지속가능한 식물 관리가 함께 보장되는 온실 시스템은 국내외 전문가들의 충분한 자문과 검증이 반영될 때만 가능하다. 국가와 지자체가 제대로 된 온실을 만들고 운영한다면, 그것은 단순한 시설이 아니라 새로운 정원 문화가 싹트는 거점이 될 것이다. 또한 이는 민간과 개인에게도 영감을 주어 겨울철 반려식물 문화를 정착시키는 데 큰 힘이 될 것이다.

몸도 마음도 추운 겨울 동안 서로에게 따뜻한 온기를 전하기에 꽃만 한 것도 없다. 포인세티아나 시클라멘 같은 꽃도 좋고, 이 계절에 어울리는 개성 넘치는 잎을 가진 색다른 반려 식물, 또는 넉줄고사리 같은 우리 자생식물도 좋다. 또는 겨울 정취 가득한 정원이나 온실을 함께 방문하여 서로의 우정과 사랑을 확인하는 추억을 만들어보는 것도 좋을 것이다. 사계절의 끝에서 빛과 어둠이 만나는 시간, 고요함 속에 새로운 생명이 잉태되는 겨울 정원은 특히나 다른 사람들과 함께 나눌수록 더 포근하고 사랑스러운 정원이다.

 어린이 정원이 비싼 놀이터가
되지 않으려면

　어디선가 물 흐르는 소리, 산들거리는 바람 소리, 온갖 종류의 풀 냄새와 꽃 향기, 다채로운 색깔의 꽃들 사이에서 아이들이 분주하게 움직이며 재잘거리고 웃는 모습만큼 행복한 풍경이 있을까? 실제로 가족과 함께 정원을 방문하는 아이들을 지켜보면 종종 놀라운 모습을 발견하게 된다. 평소 휴대폰에 빠져 있기 마련인 아이들이 정원에서는 다채로운 꽃과 잎에 관심을 갖고 이것저것 관찰하느라 눈이 반짝반짝 빛나는 것이다.

　어떤 아이들은 거대한 나무들 사이를 뛰어다니며 바람을 맞는 기쁨을 온몸으로 만끽하고, 또 어떤 아이들은 꽃 가까이에 코를 대고 킁킁거리기도 한다. 정원 활동에 참여하는 아이들은 더욱 신이 나 있다. 평소 학교와 학원을 오가는 일상생활 속에서 거의 만질 일이 없는 흙을 직접 만지며 섬세한 손길로 식물을 조심스럽게 다루는 일에 초집중을 한다. 자신이 심은 식물에 물을 줄 때는 정성이 뚝뚝 떨어진다.

가드닝, 즉 정원을 가꾸는 일은 게임이나 스마트폰 영상물처럼 순간적인 몰입과 자극적인 긴장감을 주는 것이 아니라, 살아 있는 존재와 교감하는 평화로운 시간이다. 자연스럽게 아이들의 스트레스 지수는 낮아지고, 행복 지수는 올라간다. 갈수록 자연과 연결고리가 약해지고 실내 생활과 디지털 환경에 노출되는 시간이 급증하면서 다양한 문제가 발생하고 있는 현실에서 정원은 많은 해결책을 제공해줄 수 있다.

2022년 한국언론진흥재단 조사에 따르면, 우리나라 청소년들의 하루 평균 인터넷 이용 시간은 약 8시간에 달한다. 스마트폰 사용 시간은 조사에 따라 차이가 있지만, 평균 3시간 정도이며, 주말에는 7시간에 이르는 것으로 보고되었다. 지금 시점에서 다시 조사한다면, 이보다 더 증가한 수치가 나올 가능성이 높다. 이렇게 청소년들이 디지털 기기를 과도하게 사용하게 되면서 수면 장애, 비만, 시력 저하 등의 신체적 문제뿐만 아니라, 주의력 저하, 우울감 증가, 충동성 증가와 같은 정신 건강 문제도 크게 늘어나고 있다.

불행 중 다행인 것은, 정원이 이 같은 상황을 타개할 충분한 잠재력과 강력한 치유력을 지닌다는 점이다. 아이들이 어린 시절부터 정원에서 식물과 자연 요소를 가까이할수록, 신체적·

어린이들의 모험심과 상상력을 자극하는 디즈니랜드의 화단 ⓒ박원순

정신적 건강이 증진되고, 사회성이 강화되며, 환경에 대한 인식과 식습관이 긍정적으로 변화한다는 것은 이미 널리 알려진 사실이다.

정원은 자라나는 청소년의 오감 발달과 창의성 형성에 필수적이다. 특히 학습 동기와 학업 성취도를 높이는 데도 도움이 된다. 미국 텍사스주의 7개 초등학교 학생 약 650명을 대상으로 한 연구에 따르면, 정원 프로그램에 참여한 학생들은 참여하지 않은 학생들보다 학기말 시험에서 과학 성적이 더 높았다. 물론, 정원에서조차 아이들의 학업 성취도와 성적을 논한다면 너무 잔인하게 들릴 수도 있다. 하지만 아이들이 자연 속에서 놀면서 자연 사물의 원리를 이해하는 과정에서, 뇌의 활동이 촉진된다는 것이 연구를 통해 입증된 셈이다.

또한 가드닝은 시간의 연속성을 가지며 기다림과 인내가 필요한 활동이다. 참을성이 부족하고 감정 조절 장애가 있는 아이들에게 자신이 심은 식물을 보살피며 자라는 과정을 지켜보는 기다림은 설렘을 동반한 즐거운 경험이 된다. 다행히 정원에서의 기다림은 그리 오래 걸리지도 않는다. 허브나 한해살이 초화류는 씨앗을 뿌린 후 조금만 기다리면 싹이 트고, 또 얼마 후 새순이 돋아 잎이 달리고 꽃이 피기 때문이다. 작은 정원에서 일어난 극적인 변화를 목격한 아이들은 자신이 이루어낸 작은 성취에 기뻐하며 자랑하기 바쁘다. 어쩌면 치열한 경쟁 속에서

가드닝은 아이들의 집중력과 창의력 발달에 매우 좋은 효과가 있다. ⓒ박원순

우수한 성적을 거두거나 각종 대회에서 상을 받는 일이 쉽지 않아 성취감을 맛보기 어려운 대다수의 아이들이, 정원에서는 자기 손길로 직접 이루어낸 작은 성취를 손쉽게 경험할 수 있기에 모두가 누리는 기쁨의 총량은 더 크다.

이렇게 좋은 정원을 당장 만들지 않을 이유가 없다. 학교와 공공 놀이터 등에 보다 '정원'다운 어린이 정원이 더 많이 필요하다. 어떤 의미에서 보면, 세상 수많은 정원 중 가장 의미 있고 미래 지향적 가치를 지닌 정원은 바로 어린이를 위한 정원이라고 할 수 있다. 그 이유는 간단하다. 자연환경에 대한 올바른 인식을 가진 건강한 미래 세대를 키우는 일이야말로, 앞으로 지구를 온난화와 기후 위기에서 구하고 모두가 행복한 환경을 만들 수 있는 가장 근본적인 해결책이기 때문이다.

하지만 현실적으로 우리나라에서 어린이 정원은 보통 놀이터 수준에서 그치는 경우가 많다. 시설물과 바닥재에 대한 중금속 및 유해물질 함량 제한 등 법적 기준에 저촉되지 않는 최소한의 범위에서 친환경 소재 사용을 강조하는 것 외에, 정원의 기본인 식물 구성과 어린이 오감 발달을 위한 자연 요소 등 콘텐츠와 가드닝 프로그램이 제대로 구현되어 있는 경우가 드물다. 말만 정원이지, 사실상 비싼 놀이터일 뿐이다.

세계적으로 유명한 식물원에는 이미 오래전에 잘 만들어지고 제대로 관리·운영되어온 어린이 정원 사례가 많다. 대표적인 곳이 바로 미국 뉴욕 브루클린 식물원Brooklyn Botanic Garden, BBG의 어린이 정원Children's Garden at BBG이다. 1914년에 조성된 세계 최초의 어린이 정원으로, 100년 넘게 지속된 어린이 정원 교육의 모범 사례다. 이곳은 어린이들이 직접 식물을 기르고 자연을 경험하는 체험형 정원이다. 이 정원의 이름은 '디스커버리Discovery', 즉 발견의 정원이다. 정원의 입구부터 건강한 자연의 소음들이 가득하다. 각종 벌레 소리가 들리고, 여기저기서 아이들이 신나게 뛰어다니며 웃고 떠든다. 연못, 습지, 숲 등으로 구성된 정원 곳곳에는 호기심을 자극하는 식물과 자연물이 배치되어 있고, 흥미로운 해설 안내판과 체험형 학습 도구가 마련되어 있다. 예를 들어, 연못가에 설치된 '습지 음악가'라는 해설판에 있는 크랭크를 돌리면, 각종 곤충과 파충류, 새들이 내는 실제 소리를 직접 들을 수 있다. 또 한쪽 테이블에는 손잡이가 아주 긴 국자처럼 생긴 바가지와 돋보기가 놓여 있다. 아이들은 이 바가지로 연못에서 직접 물을 뜬 후 넓은 용기에 담아서 돋보기로 물속 생물을 자세히 관찰할 수 있다. 또한 해설판에는 연못에 살고 있는 각종 생물들의 이름과 설명이 적혀 있어서 각자 발견한 것을 확인해볼 수 있다.

어린이 정원은 말 그대로, 발견의 연속이다. 곳곳에 각종 질문들이 적힌 작은 패널들이 배치되어 있는데, 판을 들어 올리면 답지와 해설 그림을 확인할 수 있다. 예를 들어, "겨울 동안 식물들은 다 죽은 것일까?"라는 질문지 아래에는 "대부분의 식물은 토양 밑에서 쉬면서 살아 있다"고 되어 있다. 또한 이 연못가에서는 스컹크캐비지라는 식물이 가장 먼저 깨어나는데 이른 봄 꽃이 피면서 열이 발생하여 주변 눈을 녹인다는 설명도 추가되어 있다. "참나무 잎에 이상하게 생긴 혹은 무엇일까?"라는 질문에는 "벌레가 잎에 알을 낳았을 때 부풀어 오르며 생긴 것"이라는 답이 적혀 있다. 이러한 작은 발견들이 아이들에게는 자연에 대한 끝없는 궁금증을 불러일으키는 계기가 된다. 예상 외로 어른들도 쉽게 답할 수 없는 질문들이 많아, 부모들도 흥미롭게 참여할 수 있다.

뉴욕 브루클린 식물원의 어린이 정원, '디스커버리 가든'에서는 자연물에 대한 다양한 체험이 가능하다. ©Brooklyn Botanic Garden

    어린이 정원에서 가장 흥미롭고 재미있는 요소 중 하나는 물놀이 시설이다. 인간을 비롯한 모든 생물에게 가장 중요한 것은 물이고, 정원의 기원도 물에서 비롯되었기에, 어린이 정원에서 빼놓을 수 없는 것이 바로 물이다. 아이들이 정원 한편에 설치된 펌프를 들어 올렸다 내리면 물이 아래쪽으로 쏟아져 내리며, 아래쪽에 단차를 이루며 설치된 물받이로 흐른다. 마치 고양이가 흔들리는 장난감에서 눈을 떼지 못하듯, 어린이들은 물이 어디선가 솟아나와 흘러가는 모습에 푹 빠져든다. 그들의 눈은 호기심으로 가득 차 있고, 중력에 의한 단순한 물의 흐름도 마냥 신비롭게 느끼는 것 같다. 이처럼 어린이 정원은 자연과 놀이, 학습이 결합된 최고의 공간이다.

어린이 정원에는 식물의 씨앗과 열매 표본을 유리병 안에 넣어 전시하는 코너도 있다. 아이들은 둥근 열매, 뾰족한 가시가 있는 열매, 바람을 타고 날아가는 씨앗 등 다양한 형태와 질감을 보며, 자연이 만들어내는 다양하면서도 기발한 디자인 요소를 배운다. 커다란 나무에 어떤 생물들이 얼마나 많이 깃들어 있는지 관찰하는 코너는 생물 다양성의 중요성을 직접 확인할 수 있는 중요한 장소다. 오랜 시간에 걸쳐 잘 성장한 나무 한 그루는 곤충과 새를 비롯한 수백 종의 생물들의 보금자리가 된다.

이 같은 어린이 정원의 효과는 프랑스 철학자 장자크 루소 Jean-Jacques Rousseau(1712~1778)가 1762년 《에밀Émile》에서 강조한 자연 교육과 밀접한 관련이 있다. 루소는 "아동의 발달 과정은 자연의 법칙을 따라야 하며, 인위적인 규율과 강제적인 학습보다 자연 속에서 경험을 통해 배우는 것이 중요하다"고 주장했다. 어린 시절, 오감을 활용한 경험이 세상을 이해하는 기초가 된다고 보았던 것이다. 루소의 교육관을 따르자면, 정원에서 식물의 질감, 색깔, 향기 등을 경험하는 것은 최고의 교육이라고 볼 수 있다. 이러한 인식에 대한 실제 사례를 빅토리아 시대 영국 왕실에서도 찾아볼 수 있다. 당시 왕실에서는 아이들을 위한 정원을 만들어, 식용 채소와 꽃을 직접 기르게 하며 자연 교육을 실천했다. 수확한 작물들은 수석 정원사가 평가하여 아이들에게 값을 지불하는 방식으로 운영되었다.

이제는 아이들과 스마트폰을 두고 실랑이할 것이 아니라, 시간이 날 때마다 가까운 정원으로 데려갈 일이다. 자연이 그들에게 최고의 선물이 될 것이다. 영국 정부 산하 공공기관인 '내추럴 잉글랜드Natural England'에서 2021~2024년에 실시한 '사람과 자연에 대한 어린이 설문 조사Children's People and Nature Survey'에 따르면, 8~15세 어린이와 청소년의 87퍼센트가 자연 속에서 행복감을 느낀다고 응답했다. 또한 조사 대상자의 83퍼센트는 환경 보호가 중요하며 더 많은 행동을 하고 싶다고 답했다. 자연과 만나는 순간, 아이들은 본능적으로 세밀한 관찰을 시작하고, 잠자고 있던 감각이 깨어나며, 게임 중독이 아닌 건강한 자연 중독에 빠지게 될 것이다.

오늘날 전 세계 유명 식물원에서는 어린이를 주인공으로 하는 다채로운 행사들이 열리고 있다. 에딘버러 왕립식물원 Royal Botanic Garden Edinburgh, RBGE에서 열리는 어린이 페스티벌에서는 이끼가 덮인 바위 사이로 시원하게 폭포가 쏟아지는 정원을 배경으로, 꽃 모양과 곤충 모양의 코스튬을 입은 무용수들이 춤을 추고 뮤지컬 공연을 펼친다. 아이들은 정원에서 마음껏 뛰어놀며 자연과 예술을 온몸으로 경험한다. 눈이 즐겁고, 코가 즐겁고, 귀가 즐거운 시간이다. 색색의 물조리개를 든 아이들

미국 델라웨어주 마운트 쿠바 센터 정원에서 아이들이 나비처럼 날갯짓을 해보는 체험 프로그램 ©박원순

이 정원에 물을 주느라 바쁜 가운데, 삐에로 분장을 한 공연자들은 잔디광장에서 행위 예술 퍼포먼스를 선보인다.

수년 전 미국 델라웨어주 마운트 쿠바 정원Mt. Cuba Center에서도 비슷한 축제 프로그램을 경험한 적이 있다. 무용수가 나비 날개 가운을 걸치고 날갯짓 동작을 하자 아이들이 그 뒤를 따라 줄지어 달려가며 함께 날갯짓을 했다. 물론 아이들도 나비 날개 의상을 입었다. 넓게 펼쳐진 풀밭 위에서, 수십 명의 아이와 어른들이 함께 나비처럼 날갯짓을 하는 모습은 그야말로 장관이었다. 이 세상에 천국이 실제로 존재한다면 이런 풍경도 포함되지 않을까?

정리하자면, 정원을 많이 접하며 자란 아이들은 자연과 더욱 가까워지고, 환경 보호에 대한 관심을 키우며, 정서적으로 안정된 건강한 미래 세대로 성장할 것이다. 뿐만 아니라 스마트폰으로 굳어진 아이들의 얼굴에 미소와 활력이 살아나고, 학습에 대한 자극이 충만하며, 집중력 향상과 긍정적인 인성 형성에도 큰 도움이 될 것이다.

 모두를 위한 무장애 정원

정원 일을 막 시작했을 무렵, 해외 정원 투어 프로그램에 참여한 적이 있다. 일행 중 한 분이 장애인을 위한 정원을 만드는 일에 관심이 아주 많았다. 일주일간 교토, 하코네 등 일본의 주요 정원들을 돌아보며 다양한 정원의 콘셉트와 스타일에 감탄하는 한편, 그분과 다양한 생각을 나누며 어떻게 하면 장애인을 위한 정원을 만들 수 있을지 고민했다.

그 후 세월이 흘러가며 여러 식물원에서 정원사로서 일상을 보내면서도 문득문득 그분이 떠올랐다. 지금 수목원에서 일하며 무장애 정원에 대한 관심은 더욱 커졌다. 비장애인들은 자유롭게 오감을 활용하여 정원을 감상할 수 있지만, 장애인들은 그렇지 못한 현실이니 말이다.

먼저 휠체어 탄 분들의 입장에서 정원을 돌아보며 불편한 점들을 살펴보았다. 한두 가지가 아니었다. 경사로 없는 계단이나 넓은 정원 관리를 위해 관수용으로 설치된 호스와 전선들이 휠체어 이용자에게는 너무도 불편한 대상이었다. 전통 정원 입구 문을 지날 때 넘어야 하는 문턱도 큰 장애물이었다. 그래서 그런 곳들을 우선적으로 개선했다. 호스와 전선은 동선에 홈을 파고 그 안에 매립하여 휠체어나 유모차가 걸림 없이 지나갈 수 있도록 했으며, 문턱과 계단 옆에는 경사로를 설치하여 쉽게 이동할 수 있게 했다.

시각 장애인을 위한 정원도 고민해보았다. 이를 위해 세종시점자도서관 관장님께 조언을 구했는데, 관장님 역시 시각 장애인이었다. 나는 점자판 설치를 가장 중요한 사항으로 고려했지만, 관장님의 의견은 달랐다. 점자판으로 식물에 대한 설명을 읽는 것도 필요하지만, 정원에서는 장애인도 비장애인처럼 식물과 자연을 감각적으로 느끼는 경험이 더 중요하다는 것이었다. 예를 들어, 정원에서 시각장애인이 해설 프로그램을 통해 생생하고 감각적인 설명을 들을 수 있거나, 음성 녹음이 담긴 QR 코드를 활용할 수 있다면 더 좋겠다는 의견도 주셨다.

이후 관장님 초청으로 점자도서관에서 시각 장애인을 위한 정원 특강을 진행했다. 대부분 시각을 완전히 잃었거나 현재 잃어가고 있는 분들이 보호자와 함께 참석했다. 강의가 끝난 후 질문이 이어졌는데, 특히 나이가 지긋하신 한 여성 분의 질문이

기억에 남는다. 그분은 자신이 키우던 식물들 가운데 매년 피던 붉은 동백꽃이 올해는 피지 않은 이유를 물었다. 그분은 시력을 잃은 지 얼마 되지 않아 동백꽃을 비롯해 집에서 키우는 많은 식물들의 모습과 꽃의 이미지를 아직 선명하게 간직하고 있다고 했다.

순간 눈물이 핑 돌았다. 너무나 아름다운 꽃의 모습을 이제는 기억 속 이미지로만 떠올릴 수밖에 없는데, 그럼에도 불구하고 꽃을 피우고 마음에 담고자 하는 그분의 절실한 마음이 느껴졌기 때문이다. 인간은 누구나 언젠가는 사랑하는 모든 것들과 이별해야 하는 시기가 오게 되는데, 그럴 때 과연 꽃은 우리에게 어떤 의미로 다가오는지 깊이 생각해 보는 계기가 되었다.

지구상에서 가장 아름다운 생명의 표현이라 할 수 있는 꽃 안에 우리는 어쩌면 가장 사랑하는 사람들에 대한 기억과 이미지, 한 평생을 살아내며 겪은 모든 나날들의 빛나는 정수를 담아내려는 건 아닐까.

갑작스러운 사고든, 질병이든, 노화든 장애는 누구에게나 찾아올 수 있다. 그렇다면 우리는 이 모두를 위해 어떤 정원을 만들어야 할까. 들을 수 없는 사람들, 볼 수 없는 사람들, 걸어 다닐 수 없는 사람들이 정원에서 그들이 가진 다른 감각으로 자연을 만끽하고 기쁨을 얻을 수 있는 방법은 무엇일까?

촉감이 좋은 식물들(램즈이어, 양치식물 등), 향기가 좋은 식물들(라벤더, 로즈마리 등), 바람에 흔들리며 소리를 내는 식물들(대나무, 그라스류 등)을 활용한 정원을 만들면 어떨까. 마치 예쁜 귀걸이가 잔뜩 매달려 있는 듯, 햇빛의 강도와 방향에 따라 스팽글처럼 반짝이며, 조금이라도 바람이 불면 기분 좋게 살랑거리며 소리를 내는 낚시귀리도 좋은 선택이 될 것이다.

또한 점자 해설판뿐 아니라 저시력자를 위해 고대비 색상과 큰 텍스트를 사용한 안내판, 명확한 동선 안내와 아이들도 쉽게 이해할 수 있는 그림 해설판, 그리고 가상현실VR과 증강현실AR 등 디지털 기술을 접목하여 정원에서 느낄 수 있는 감각을 극대화시키는 도구와 시설도 필요하다.

국립세종수목원의 배리어프리 감각정원. 휠체어 이용 관람객을 배려해 화단을 높여 조성했다. ⓒ김로은

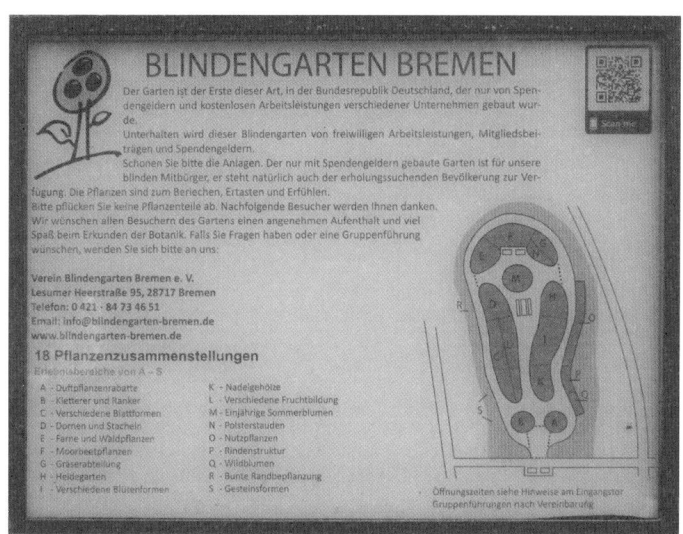

독일 브레멘의 크눕스 공원Knoops Park에 조성된 '시각 장애인을 위한 정원Blindengarten'. 촉각과 후각을 활용해 자연을 경험할 수 있도록 설계되었다.

    곳곳에 충분한 벤치와 그늘 쉼터를 제공하고, 휠체어 사용자가 자유롭게 이동할 수 있도록 동선을 개선하며, 관람객의 눈높이에 맞춰 지면보다 높게 올린 화단(레이즈드 베드raised bed)을 만들어 언제든 손을 뻗어 식물을 가까이 느낄 수 있게 하면 어떨까. 이러한 정원은 유모차를 타고 다니는 유아와 어린이들에게도 오감을 자극하는 감각적인 놀이터가 될 수 있다.

    결국, 무장애 정원, 즉 배리어 프리 정원Barrier-Free Garden은 장애를 가진 사람들뿐 아니라 노화나 질병으로 여러 어려움을 겪게 될 이들, 그리고 생의 첫발을 내딛는 유아와 청소년 모두

에게 함께 사는 세상의 가치를 전달한다. 정원은 고귀한 사랑의 의미를 전달하는 매우 중요한 공간으로, 장애인과 비장애인이 함께, 온 가족이 함께 즐길 수 있는 공간인 것이다.

따라서 무장애 정원은 단순히 물리적 접근성을 제공하고 개선하는 차원을 넘어, 모든 이들이 자연 속에서 치유와 영감을 받을 수 있는 정원이다. 또한 물리적·심리적·사회적 장벽을 제거하여 모든 방문객에게 자연을 경험할 평등한 기회를 제공한다. 국가 전체적으로 지역마다 이런 경험의 기회가 많아질수록 정원은 전체적으로 사회적 통합을 이루는 중요한 역할을 하게 될 것이다. 앞으로 더 많은 곳에서 무장애 정원이 표준이 되기를 기대한다.

 자투리 정원이 주는 풍요로움

근사한 전원주택에 딸린 여유로운 정원이 아니어도, 도시에서도 마음만 먹으면 어디서나 자투리 공간을 활용한 정원을 만들고 즐길 수 있다. 도로변이나 주차장 모퉁이, 건물 주변과 옥상, 심지어 크고 작은 화분이나 화단 등 도시에 존재하는 다양한 틈새 환경은 수많은 식물들의 보금자리가 된다. 도시 골목마다 집이나 상점 앞에 내놓고 키우는 각양각색의 식물 화분들을 보면 기분 좋은 감정과 색다른 영감이 생겨난다. 어쩌다 부지런한 꿀벌과 나비, 박각시나방이 꽃을 찾는 모습을 발견하게 되면 그렇게 반가울 수가 없다.

수십 년 전부터 도시 곳곳의 방치된 공간에 식물을 심고 정원을 만드는 '게릴라 가드닝'이 여러 나라에서 유행한 것은 조금이라도 푸르른 자연과 함께하고픈 시민들의 열망 때문일 것이다. 1973년 뉴욕의 정원 활동가 리즈 크리스티Liz Christy와 동료들이 버려진 땅에 씨앗을 뿌려 정원을 만들면서 이 용어를 처음 사용했다. 세계적으로 가장 널리 알려진 사례 중에는 5월 1일 '국제 해바라기 게릴라 가드닝의 날International Sunflower Guerrilla Gardening'을 꼽을 수 있다. 매년 이날이 되면 전 세계 게릴라 가드너들이 도시 곳곳의 버려진 땅에 해바라기를 심는다. 2007년 벨기에 브뤼셀에서 시작되었는데, 도시 정원에 대한 관심을 높이고 사람들에게 자연과 더 가까워질 기회를 제공하기 위한 목적이다. 이 얼마나 아름다운 게릴라들인가?

공공의 주도하에 보다 체계적인 방식으로 자투리 공간을 정원으로 만들고 있는 사례도 있다. 산림청이 주관하고 한국수목원정원관리원에서 주최하는 '정원드림 프로젝트'다. 2020년에 시작된 이 사업은 매년 조경·산림·원예 전공 학생 125명이 전문 정원 작가와 함께 팀을 이루어 전국 5개 권역의 유휴 공간 스물다섯 곳에 정원을 조성해왔다. 그 결과 지금까지 백여 곳의 새로운 정원이 탄생했다. 참여 학생들은 정원 작가와 협업하며 기획부터 시공, 유지·관리까지 전 과정을 직접 경험하며 전문가로 성장할 값진 실무 역량을 키운다. 이렇게 만들어진 정원은 지역 시민들에게 개방되어 산책과 휴식의 공간으로 사랑받고 있다.

전국의 주요 도시들도 시민들이 일상 곳곳에서 즐길 수 있

뉴욕에서 '그린 게릴라Green Guerillas'를 이끌며 도시 게릴라 가드닝 운동을 시작한 원예 활동가 리즈 크리스티 ⓒJack Clarity

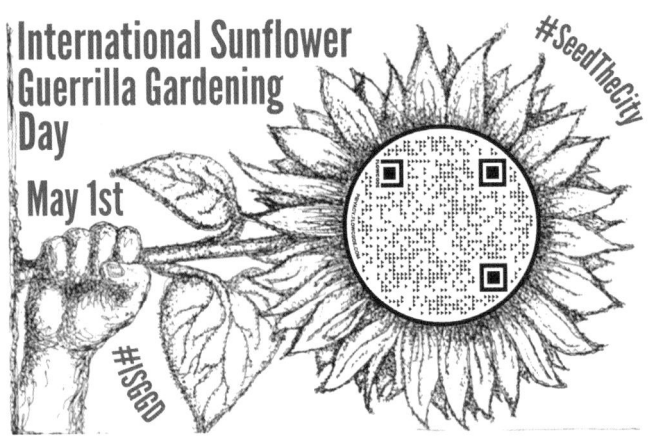

뉴욕 시민들이 해바라기 씨앗을 심으며 도시 전역을 녹색으로 바꾸는 '국제 해바라기 게릴라 가드닝의 날International Sunflower Guerrilla Gardening Day, ISGGD' 캠페인 포스터
ⓒUrban Soils Institute, 2025

는 녹지와 숲이 우거진 '정원 도시'를 위해 적극 나서고 있다. 특히 서울시는 각 자치구와 함께 버려진 땅과 자투리 공간을 '매력 가든'과 '동행 가든'으로 탈바꿈시키고 있다. 무심히 지나쳤던 무미건조한 공간에 다채로운 꽃이 계절마다 풍성하게 피어나면 보기에 아름다울 뿐 아니라 곤충들에게는 꿀과 꽃가루를 풍부하게 제공하는 소중한 생명의 터전이 된다.

사람들의 시선이 머무는 곳마다 형형색색의 꽃들로 아름다운 도시의 거리, 하늘을 향해 무성한 가지와 잎을 펼치는 크고 높은 나무들은 서로 연결되어 새와 곤충의 보금자리이자 이동 통로가 된다. 이렇게 도시의 자투리 정원들이 점점 더 숫자가 많아져 보다 큰 규모의 녹지와 연결되면 전체적으로 놀라울 정도로 풍부한 생물 다양성을 보여줄 수 있다. 스튜어트 카우프만Stuart Kauffman이 《혼돈의 가장자리》에서 소개한 카오스 이론과 같이 크고 작은 복잡함 속에서 자발적으로 거대한 질서가 생겨나고, 결국 전체는 그 부분들의 합보다 더 커지는 것이다. 마치 따로 떨어진 여러 가닥의 실들을 서로 묶다 보면 어느 순간 전체 실들이 하나로 연결되어 거대한 망을 형성하게 되는 현상과 같다.

이미 1998년부터 '정원 속 도시'를 표방한 싱가포르는 도시의 모든 녹지와 정원을 연결하여 누구나 가장 친환경적인 방법으로 누릴 수 있는 공원 연결망Park Connector Network, PCN을

싱가포르 공원 연결망의 숲길 보행로 ⓒ박원순

완성했다. 푸른 숲길을 걷다가 때로는 멋진 정원 벤치에 누워 나무 사이 하늘을 보기도 하며 자전거를 타고 시원하게 달리다 보면 어느새 도시를 한 바퀴 돌게 된다.

도시 정원의 효과성을 보다 구체적으로 확인하고 검증하려면 '생태계 서비스Ecosystem Servises'라는 개념을 적용해볼 필요가 있다. 1997년 미국의 경제학자 로버트 코스탄자Robert Costanza가 대중화시킨 이 개념은 생태계가 인간에게 제공하는 서비스의 경제적 가치를 금전적으로 평가하는 것이다. 이 연구에 따르면 생태계 서비스는 각각 지지·공급·조절·문화에 관련된 네 가지 분야로 나뉜다. 도시 정원은 특히 생물 다양성과 기후변화와 관련된 '조절' 서비스, 그리고 사회적 유대감, 레크리에이션, 치유와 같이 사람들이 자연과의 상호작용에서 얻는 고품질 '문화' 서비스를 상당 부분 제공할 수 있다. 최근에는 기업과 금융기관이 자연자본과 생태계 서비스의 가치를 재무적 관점에서 고려하도록 돕는 TNFD Taskforce on Nature-related Financial Disclosures (자연 관련 재무공시 협의체) 개념도 국제적으로 주목받고 있다. 이는 기업이 자연 관련 기회와 리스크를 체계적으로 평가하고 공시할 수 있도록 하는 글로벌 프레임워크이다. 이는 정원과 같은 녹지 공간이 도시와 사회에 기여하는 효과를 경제적 차원에서 설명할 수 있다는 새로운 관점을 열어준다.

도시 정원의 생태계 서비스에 대한 가치가 더 체계적으로 정리되면 정책을 만들거나 공간을 계획하는 사람들이 정원의 긍정적 효과를 적극적으로 적용하고 확대하는 데 설득력 있는 근거가 될 것이다. 이를 위해서는 정원 관련 분야뿐 아니라 사회심리학, 문화인류학 등 인문사회학적 연구도 함께 뒷받침되어야 한다.

도시 정원을 설계하는 전문가와 이를 즐기는 시민들 사이에는 묵묵히 정원을 가꾸고 돌보는 사람들이 있다. 다양한 식물을 길러내는 재배가를 비롯해 시민 정원사, 숲 해설가, 자원봉사자가 바로 그들이다. 정원에 진심을 다하는 이들이 보다 나은 환경에서 일할 수 있도록 배려와 지원을 넓히고, 작업 여건을 개선하며, 체계적인 프로그램을 마련하는 일은 이제 중요한 과제가 되었다. 정원을 진정으로 사랑하는 이들의 마음과 열정을 아우르며 그들에게 실질적으로 필요한 것을 제공해줄 수 있는 제도와 리더십이 필요하다. 앞으로 도시 곳곳에 만들어지는 정원들이 얼마나 지속 가능하고 아름답게 생물다양성에 기여할 수 있을지는 우리 모두의 관심과 참여에 달려 있다.

 ## 새로운 감각을 일깨우는 밤의 정원

　밤에도 정원이 색다른 느낌으로 아름다울 수 있다는 것을 처음 깨달은 건 오래전 한 사진작가 덕분이었다. 그가 온실 식물원의 밤 풍경을 촬영하고 싶다고 하여 해가 진 이후 함께 온실을 둘러보았다. 당시 온실엔 야간 작업을 위한 기본 조명만 켜져 있었는데, 사진작가의 예술적 감각과 시선으로 촬영된 밤의 정원에선 내가 평소에는 미처 인식하지 못했던 또 다른 매력을 발견할 수 있었다. 마치 이제 막 연극이 끝난 무대에서 느껴지는 고요하면서도 진한 여운의 느낌이랄까?

　밤의 정원을 제대로 경험한 건 미국 펜실베이니아주에 위치한 롱우드가든에서였다. '월드 클래스'라는 명성에 걸맞게 축구장 620여 개 규모에 달하는 광대한 규모에 1만 종이 넘는 식물을 보유한 이 정원은 시원한 여름밤 아름다운 야외에서 클래

식 혹은 비틀즈 음악과 함께 즐기는 분수 쇼가 유명하다. 수생 식물이 가득한 연못에서는 붉은색, 분홍색, 흰색의 밤에 피는 열대 수련이 큼직한 꽃을 피운다. 밤하늘처럼 새카만 수면 위로 피어난 수련 꽃들은 저마다 스포트라이트 조명을 받아 어둠 속에서 환상적인 색감으로 빛난다. 진한 파인애플 향을 뿜어내며 밤에 활짝 피는 빅토리아 수련의 꽃은 첫날 밤 흰색으로 피어난 후, 둘째 날 밤에는 분홍색으로 변화하고, 셋째 날에는 씨앗을 잉태하기 위해 물속으로 가라앉는다. 이러한 일련의 과정이 신비롭기까지 하다.

추운 계절에도 밤의 정원은 색다른 매력이 넘친다. 온실 정원은 주로 겨울에 피어나는 지중해 꽃들이나 난초의 향기가 뒤섞인 달콤하면서도 이국적인 향기로 채워진다. 따뜻하고 아늑한 밤의 온실 안에서 더욱 짙게 보이는 초록 잎들과 조명 아래 색다른 무드를 발산하는 꽃들은 기분 좋은 설렘으로 다가온다. 특히 크리스마스 시즌이 되면 예술적 감성으로 연출된 조명이 겨울 꽃과 어우러져 밤의 정원을 절정으로 이끈다. 붉은빛과 금빛으로 물든 포인세티아 잎들이 장관을 이루고, 크고 작은 나무들은 다채로운 장식으로 빛난다. 그 모습은 마치 모두가 한 해를 성실히 살아온 것에 대한 보답으로 주어지는 특별한 감사와 축복 같은 풍경이다.

밤의 정원은 낮과는 완전히 다른 분위기다. 총천연색 대

밤에 개화하는 열대 수련의 꽃 ⓒ박원순

밤에 개화하는 빅토리아 수련의 꽃 ⓒ박원순

신 흑백 사진처럼 보이는 명암과 실루엣, 은은한 야간 조명 아래 새로운 빛깔을 드러내는 꽃과 잎은 낮 동안엔 경험하지 못한 감각을 일깨운다. 사실 밤은 낮에 온갖 자극으로 피로해진 시각 대신 후각, 청각, 촉각 같은 다른 감각들이 깨어나는 시간이다. 꽃 향기, 풀벌레 소리, 나뭇잎 스치는 소리, 피부에 닿는 밤공기까지, 원초적 자연 감각을 생생하게 살아나게 한다.

밤에만 피는 꽃들은 밤의 정원을 더욱 특별하게 만든다. 꽃잎장에서는 야행성 나방, 풍뎅이, 박쥐 같은 매개자를 유혹하기 위해 어둠 속에서 꽃을 피우지만, 덕분에 밤의 정원을 찾는 사람들도 다양한 향기와 꽃을 감상할 수 있다. 밤에 피는 대표적인 꽃으로는 달맞이꽃, 야래향, 분꽃이 잘 알려져 있다. 특히 밤에 찾아오는 향기를 뜻하는 야래향夜來香의 연둣빛 꽃과 새하얀 분꽃은 향기가 매우 진하다. '월하미인月下美人'이라 불리는 선인장도 밤에 새하얀 꽃을 피우고 강한 향기를 내뿜는 식물로 유명하다. 이름 그대로 달빛 아래 미인이다.

다른 일반적인 식물들도 밤에는 향이 더욱 짙고 청량하게 느껴지기도 한다. 왜일까? 밤이 되면 기온이 내려가고 바람이 잠잠해지며 공기의 흐름이 줄어들어, 향기 물질이 공기 중에 더 오래 머물기 때문이다. 또한 상대 습도가 높아지면서 향기 입자가 물 분자에 부착되어 더 천천히 퍼지고 더 진하게 감지되기도

밤에 개화하는 월하미인 선인장의 꽃 출처: iStock

한다.

옛 사람들도 밤의 정원을 사랑했다. 희미한 초롱불에 의지하던 시절, 달 밝은 밤은 많은 이들에게 특별한 정취를 안겨주었을 것이다. 담양의 소쇄원瀟灑園에는 양산보梁山輔가 자연과 교감하며 책을 읽고 사색하던 제월당霽月堂이라는 정자가 있다. 비 갠 뒤의 하늘의 상쾌한 달을 뜻하는 이름이다. 달빛을 좋아했던 그는 달 밝은 밤 매화꽃을 감상할 수 있는 공간도 마련했다. 소쇄원의 가장 아름다운 마흔여덟 가지 장면 가운데 하나로 꼽히는 이곳은 '매대요월梅臺邀月'이라 기록되었다. 달빛이 내려앉은 정원은 낮보다 더 깊고 그윽한 자연을 오롯이 마주할 수 있는 귀한 시공간이었음에 분명하다.

불교 선종의 영향을 받은 일본 사찰 정원의 역사에서도 달빛과 연관된 밤의 정원 사례를 찾아볼 수 있다. 물 없이도 산과 강, 바다를 상징하는 일본 특유의 고산수 정원에도 달빛에 반사되어 빛나도록 흰색 자갈과 모래가 쓰였다. 달은 스스로 빛을 내지 않는 무無의 상징이기에, 달빛이 새하얀 자갈에 반사되어 반짝이는 모습은 명상 수행하는 수도승들에게 매우 특별한 느낌으로 다가왔을 것이다.

예컨대 교토의 은각사銀閣寺에는 '달을 씻는 샘'이라는 뜻의 세월천洗月泉, '달을 바라보는 곳'이라는 향월대向月臺가 있다. 전자는 물과 달빛의 반사를 통해 마음을 정화하는 공간이며, 후자는 달빛 명상을 위한 상징적인 구조물이다. 향월대는 정제된 백사로 만든 원뿔형 조형물로, 앞쪽에 '은빛 모래톱'을 의미하는 은사단銀沙灘이 조성되어 있다. 고산수 정원의 정수로 평가받는 이 정원은 달빛이 자갈과 모래에 반사되어 마치 물에 달이 비치는 듯한 시각적 환상을 자아낸다.

현대인의 바쁜 일상 속에서 낮에는 정원을 즐길 여유가 부족하다. 업무와 학업 등으로 정신 없는 하루를 보내고 나서야 비로소 자신에게 집중할 수 있는 시간이 주어진다. 집이나 카페보다는, 정원 산책이 훨씬 더 큰 회복과 위안을 줄 수 있다. 밤의 정원이 주는 힐링은 분명히 다르다. 낮 동안 쉼 없이 움직였던 눈과 뇌를 밤의 정원이 치유의 손길로 어루만져 준다. 앞으로 도시에는 더 많은 밤의 정원이 필요하다. 인공물이 아닌 자연으로 가득한 공간에서 우리는 평온한 힐링의 시간을 누릴 수 있을 것이다.

연인과의 데이트 코스로도 야간 개장 정원을 추천한다. 대낮처럼 모든 것이 훤히 드러나는 밝은 곳과 달리, 은은한 조명 아래에서 피어나는 로맨틱한 분위기는 상대방을 더욱 특별하게 바라보게 만든다. 과하지 않은 빛은 안정감과 친밀감 속에서 상상력을 증가시킨다. 실제로 약간 어두운 곳에서 사람들은 서로를 더 매력적으로 느끼고, 상대방의 감정에 더 세심하게 반응하며, 사회적 유대감이 더 깊어진다는 연구 결과도 있다. 밤이 되

색다른 야간 정원의 매력을 즐길 수 있는 국립세종수목원 사계절전시온실 ⓒ박원순

면 멜라토닌이 분비되고, 긍정적 감정 조절에 관여하는 세로토닌과 도파민 시스템이 작동해 몸과 마음이 안정되며, 감성적 반응이 더욱 풍부해지기 때문이다. 밤 문화를 술자리와 유흥으로만 여기던 시절은 지난 지 오래다. 이제는 야간에 즐길 수 있는 정원에서 누리는 온전한 힐링이야말로 진정한 밤 문화다.

4장

정원,
도시를 품다

자연과 가까워지고 싶은 본능

이제는 도시가 정원을 만드는 시대를 넘어, 정원이 도시를 품고 자연 속에 도시가 존재하도록 만들어가는 시대다. 도시를 품은 정원은 공기를 맑게 하고, 다양한 생물의 터전이 되며, 아름다운 경관을 선사할 뿐만 아니라 우리 삶을 지탱하는 수많은 혜택을 준다. 그중에서도 가장 주목할 만한 가치는 치유다. 스트레스가 갈수록 다양해지고 심화되는 복잡한 현대 사회에서 정원은 우리가 안고 살아가는 수많은 정신적·육체적·사회적 문제를 완화하고 회복하는 데 큰 힘이 될 수 있다.

동서고금을 막론하고 이미 수많은 철학자와 사상가가 인간의 삶에 근원적인 기쁨을 주는 자연 혹은 정원의 가치에 대해 이야기해 왔다. 고대 그리스의 철학자 에피쿠로스(BC 341~BC 270)는 아테네의 정원에서 행복하고 평온한 삶에 대한 이상을 추구했으며, 인도의 정신적 지도자 마하트마 간디(1869~1948)는 "땅을 파고 흙을 일구는 것을 잊는다면 우리 자신을 잊게 될 것"이라고 말했다. 모두 자연과 연결되고자 하는 인간의 본성을 일깨워주며 자연과의 교감을 통해 인간이 더욱 완전해질 수 있음을 강조하고 있다.

6세기 이탈리아 베네딕트회 수도사들은 영적인 삶이 땅과 연결되어 있다는 성 베네딕트의 믿음에 따라 기도와 심신 수양의 일환으로 정원에서 꽃과 채소, 약초와 과일을 가꾸었다. 그들은 자연 속에서 거듭나는 생명의 신비와 아름다움을 몸소 체험하며 정원을 가꾸는 행위가 몸과 마음을 치유하고 여러 유익한 효과를 제공해 준다는 것을 알고 있었다.

풍부한 햇빛과 맑은 공기, 다채로운 꽃과 나무가 있는 정원이 환자들의 치유에 영향을 미친다는 사실은 그간 과학적으로도 많이 입증되었다. 단적인 예로, 1980년대 스웨덴의 환경심리학자 로저 울리히Roger Ulrich는 창밖 풍경이 환자들의 회복과 연관이 있다는 사실을 밝혀냈는데, 창문 너머로 나무가 보이는 병실의 환자들이 벽돌담이 보이는 병실의 환자들보다 더 나은 회복력을 보였다. 꽃을 많이 볼수록 혈압과 심박수를 낮추는 긍정적인 효과가 있다는 연구 결과도 부지기수다.

스코틀랜드의 예술가이자 정원 디자이너였으며, 세계적인 건축가 찰스 젠크스Charles Jencks(1939~2019)의 아내였던 매기 케

영국 올덤Oldham에 위치한 매기스 센터의 안뜰 정원 ©Tony Barwell

스윅Maggie Keswick(1941~1995)은 암 진단을 받은 후 병원의 진료 환경에 대한 문제점을 인식하고 암 환자와 가족들을 위한 아름다운 정원을 만드는 데 자신의 남은 생을 바쳤다. 덕분에 오늘날 영국 런던, 홍콩, 도쿄 등지에 설립된 매기스 센터Maggie's Centre에는 세계적으로 유명한 건축가와 조경 디자이너들이 만든 혁신적인 치유 정원들이 조성되어 있다.

영국의 정신과 의사 수 스튜어트 스미스Sue Stuart-Smith가

《정원의 쓸모The Well Gardened Mind》라는 책에서 소개했듯, 식물과 정원은 우울증, 트라우마, 불안 등 다양한 심리적 문제들을 극복하는 데에도 큰 도움이 된다. 정원을 가꾸는 일은 세로토닌, 도파민 등 신경전달물질의 분비를 촉진하여 우울감을 줄이고 행복감을 높인다. 흙을 파고, 풀을 뽑고, 가지를 치는 행위는 분노와 공격성, 좌절과 불안 등 부정적 에너지를 자연스럽게 표출하는 수단이 된다. 또한 자신이 일군 정원에 새롭게 돋아나는 식물의 잎과 줄기, 꽃과 열매를 보는 일은 희망과 활력을 불러일으켜 더할 나위 없이 뿌듯한 만족감과 자존감을 얻을 수 있다.

초고령화 사회 진입을 목전에 두고 있는 우리나라에서 정원은 노인들의 삶의 질을 높일 수 있는 훌륭한 방책이 될 수 있다. 병원과 복지 시설, 요양원뿐 아니라 노인들의 생활 저변에 정원과 치유 프로그램을 확산해야 하는 이유다. 심지어 정원 활동이 치매 환자들의 인지 기능 향상에도 효과적이라는 것이 입증되었다. 2023년 국립세종수목원에서 치매 노인 51명을 대상으로 5개월간 진행한 정원 치유 프로그램은 우울감 감소, 기억력 감퇴 개선, 대뇌 혈류량 증가 등 긍정적 효과를 보여주었다.

무엇보다 정원은 바쁜 일상을 살아가는 대다수 도시인들의 정신 건강에 큰 도움이 된다. 인도네시아 보고르농과대학IPB에서 인도네시아 최대 규모인 보고르 식물원 방문객을 대상으로 한 최신 연구에 따르면 식물원을 방문한 거의 모든 사람들이 방문 전에 비해 편안하고 진정된 느낌을 받았고, 97퍼센트의 응답자가 정원 방문을 통해 스트레스를 줄일 수 있다고 응답했다. 방문객들은 주변 환경을 즐기고, 풍경을 탐험하며, 자연의 자극에 관심을 느끼고, 일상으로부터 벗어남으로써 편안함과 안정감을 얻는 것으로 조사되었다. 흥미로운 점은 단순히 정원을 소유하고 있거나 녹지를 가까이에 두고 있다고 해서 치유 효과가 있다기보다 이러한 초록 공간을 적극적으로 방문하는 경험 자체가 더욱 큰 치유 효과를 나타낸다는 것이다.

누구나 가드닝을 통해 일상 속 행복 지수를 크게 높일 수 있다. 살다 보면 뜻대로 되지 않는 일이 많지만 씨앗을 뿌리고 식물을 키우며 정원을 창조하는 일은 어느 정도 마음먹은 대로 이룰 수 있다. 특히 과로와 스트레스로 육체적·정신적으로 번아웃되기 일쑤인 현대인들에게 정원은 자연의 리듬에 맞춘 삶의 속도감, 그리고 자연과 연결되고자 하는 본능적 감각을 지속적으로 일깨워준다.

그렇다면 치유를 위한 정원은 어떻게 만들어야 할까? 최근 영국 왕립원예협회RHS 위즐리 가든과 서리대학교 등 연구진의 공동 연구 결과에 따르면, 즐거운 감정 반응을 일으키는 정원의 주요 특징에는 다양한 식물과 자연의 소리, 입체적인 공간 구성이 포함된다. 무엇보다 단순 녹지보다는 다양한 질감, 색상, 향기를 지닌 식물들이 즐거운 감정을 불러일으키는 중요한 요인

국립세종수목원의 감각 정원. 다양한 식물을 오감으로 체험하며 치유와 휴식을 경험할 수 있다. ⓒ박원순

이다. 또한 정원을 편하게 감상할 수 있는 벤치와 함께, 직선보다는 곡선으로 난 길이 흥미를 촉진하며 걷기와 탐험을 장려하는 데 도움이 된다.

　가장 효과적인 치유 정원은 갖가지 아름다운 식물과 예술적 오브제를 통해 오감을 일깨우고, 어린이와 청소년뿐 아니라 장애인과 사회적 약자들이 다 함께 온전히 즐길 수 있는 '감각 정원Sensory Garden'이다. 무엇보다 가장 중요한 개념은 사람과 자연의 연결이다. 모두가 함께 정원을 가꾸며 몸과 마음에 유익한 아름다운 시공간을 창조해내는 데서 얻는 행복감이 도시 정원을 통한 치유의 핵심이다.

 # 내 곁의 작은 생태계

    우리가 꿈꾸는 정원은 저 푸른 초원 위에 그림 같은 집이 있는 자연 속에 있을지 모른다. 그러나 현실은 도시 속 콘크리트 빌딩 사이에 오아시스처럼 자리한 작은 공원이나 자투리 정원, 또는 도심에서 가까운 교외의 수목원이나 식물원에 마련된 정원을 즐기는 데 그칠 뿐이다.

    누군가는 마당이나 텃밭이 딸린 집에서 자신만의 아름다운 정원을 가꾸기도 하지만, 대부분의 도시인은 아파트, 빌라, 오피스텔 같은 실내 공간에서 크고 작은 화분에 저마다의 기호에 맞는 식물을 심어 가꾸는 데 만족한다. 비록 땅에 직접 심은 것은 아니지만, 화분에 식물을 키우는 것도 바쁜 현대인들을 위한 정원 가꾸기라 할 수 있다.

    비록 규모는 작고 아기자기하더라도 함께 사는 동반자처

1994년에 개봉한 영화 〈레옹〉에서 주인공이 식물을 보살피는 장면

럼 가까이 지내며 교감할 수 있다면, 그 식물들을 '반려식물'이라 부를 수 있을 것이다. 온갖 종류의 반려식물의 매력에 빠지면 식물과 교감하며, 식물과 함께 있을 때 안정감을 느끼고 살아 있음을 느낀다고 한다. 마치 영화 〈레옹Léon〉에서 주인공이 아글라오네마 화분을 늘 곁에 두고 소중히 보살피는 모습과 같다고 할까.

개나 고양이처럼, 펫pet 혹은 애완동물로 불리며 오래전부터 많은 가정에서 함께해온 반려동물이 우리에게 익숙하지만, 사실 우리 역사 속에 아주 오래 전부터 화분에 식물을 담아 기르는 문화가 있었다. 화분 식물 자체의 역사는 매우 오래되었다

2022년 국립세종수목원에서 개최된 〈공존: 반려식물과 반려동물의 행복한 동행〉 기획전 풍경 ⓒ박원순

고 할 수 있다. 고려 시대 문신 이규보(1168~1241)는 시문집《동국이상국집東國李相國集》에서 사계화(장미의 일종), 석류나무, 대나무, 석창포, 국화 등 집안에서 키우는 화분 식물을 '분중육영盆中六詠'이라는 시를 통해 소개한 바 있다. 이렇게 화분에 식물을 기르는 것을 말 그대로 분재盆栽라고 할 수 있는데, 꽤나 고상한 취미였다. 단순히 자신이 좋아하는 식물을 키우는 것이 아니라 자연을 화분 안의 식물에 담아 감상하는 개념이었고, 사물을 통해 이치를 깨닫는 관물찰리觀物察理의 철학이 담긴 것이기도 했다.

오늘날에 와서 등장한 '반려'라는 용어만 놓고 보았을 때,

반려동물이라는 말이 반려식물보다는 먼저 우리 일상 속에 들어와 널리 쓰이기 시작한 게 사실이다. 반려동물은 산업화와 문화 확산 역시 더 빠르고 폭넓게 진행되어 많은 사람들의 일상 속에서 더 익숙해졌기 때문이다. 그도 그럴 것이, 반려동물은 적극적으로 반응하며 인간과 활발히 상호작용할 수 있기에, 함께 지낼 때 즉각적인 소통의 기쁨을 맛볼 수 있다.

2024년 기준으로 국내 반려동물 양육 비율은 약 30퍼센트에 달해, 역대 최고치를 기록했다. 10명 중 3명이 반려동물을 키우고 있는 셈이다.

각종 예능 프로그램에서도 반려동물과 함께하는 일상이 흔한 장면이 될 만큼 반려동물은 우리 사회에서 중요한 가족 구성원으로 자리 잡았다. 이러한 흐름 속에서 '반려식물'이라는 개념도 널리 알려지게 되며 큰 관심을 받게 되었다. 여기에는 코로나 시기를 겪으며 실내 생활이 많아진 사람들에게 큰 위로와 즐거움을 준 식물들의 역할이 컸다.

우리가 식물과 함께 지내며 얻는 기쁨은 동물과는 다른 관점과 차원에서 이해를 해야 한다. 먼저 식물은 동물에 비해 정적이고 수동적이어서 움직임이 거의 없을 뿐더러, 반응도 결코 즉각적이지 않다. 식물의 시간은 매우 느리고 진중하다. 여기에 매력이 있다. 살아 있는 생명체로서 늘 한결같은 모습으로 곁에서 묵묵히 지내며 이따금씩 새 잎과 꽃을 피워내는 식물에게서 우리는 분명 안정감과 행복감, 기다림의 미학을 느낀다.

식물은 말이 없지만, 가장 성실하고 듬직하게 내 곁을 지켜준다. 식물의 시간을 조금 빠르게 재생해 보면, 끊임없이 자라고 변화하는 모습을 분명히 볼 수 있다. 우리는 느리지만 강력한 그 생명력을 지켜보면서, 거친 세상 속에서 차분하면서도 분명하게 나의 길을 갈 수 있는 힘을 얻는다.

또 다른 결정적인 차이는, 식물의 삶이 발아와 생장, 개화와 결실, 휴면이라는 생애 주기에 깊이 의존하고 있다는 점이다. 수백 년을 살아가는 나무들도 많지만 대부분의 관상용 초본류와 관목류는 주기적으로 개체가 새롭게 갱신될 수 있도록 1년, 2년, 혹은 몇 년 주기로 재생과 번식이 이루어져야 한다는 얘기다.

식물은 또한 꽃과 잎의 종류가 워낙 다양해 선택의 폭이 넓고, 생육 환경이나 계절에 따라 수많은 식물의 선택이 가능해서 결코 지루하지 않다. 이는 인간의 본성 중 하나인 '수집 욕구'를 충분히 충족시켜준다. 실내식물만 놓고 보았을 때 전 세계적으로 1만 종류를 넘어선다.

마지막으로 식물은 자신이 기르는 식물을 다른 사람에게 자랑하거나, 나눔 활동을 통해 선한 영향력을 행사함으로써 자존감과 행복감을 높이는 데에도 매우 효과적이다. 요즘은 전체 가정의 30퍼센트 이상이 1인 가구로 구성될 만큼, 혼자 사는 가구가 크게 늘어나고 있다. 그들에게 식물은 큰 위로와 즐거움을 줄 수 있는 존재가 될 수 있다. 그만큼 자신의 거주 공간에 대한 자율성도 커졌다. 아무래도 여러 식구들이 함께 지낼 때에는 서로 공유하는 공간에 나만의 개인 취향을 적극 반영하기 쉽지 않을 텐데, 혼자 지낸다면 마음먹기에 따라 얼마든지 많은 식물들을 집안 곳곳에 들여 플랜테리어로 꾸밀 수 있다.

또한 반려동물과 반려식물을 함께 키우고자 하는 사람들도 늘어나고 있다. 이때 생기는 가장 큰 고민은, 어떤 식물이 반려동물과 함께 키워도 괜찮은지에 대한 정보다. 예를 들어, 접란이나 아레카야자, 보스턴고사리, 아프리칸바이올렛 같은 식물은 개나 고양이 모두에게 비교적 안전한 식물이다. 캣민트catmint 같은 식물은 고양이가 좋아하는 향을 가지고 있어, 가끔씩 소량으로 주면 매우 좋아하기 때문에 다른 식물에 대한 관심을 분산시킬 수 있다.

반면에 백합의 꽃가루는 고양이에게 급성 신부전증을 유발할 만큼 위험하고, 수선화 알뿌리에도 독성이 있어 주의가 필요하다. 몬스테라, 필로덴드론 등의 식물에는 옥살산칼슘 결정체가 포함되어 있어, 개나 고양이가 섭취할 경우 구강 점막을 자극하거나 구토, 침 흘림 등의 증상을 유발할 수 있다. 산세베리아는 사포닌이라는 물질을 함유하고 있어 먹었을 때 설사나 구토를 일으킬 수 있다. 이러한 위험성 때문에, 반려동물과 반려식물이 함께 살아가는 환경을 만들고자 한다면 사전에 독성 여부

반려견이 화분을 파헤치지 못하도록 화분 토양 위에 굵은 조약돌을 덮어주면 좋다.
출처: iStock

를 반드시 확인하고 적절한 공간 배치를 고민해야 한다.

　물리적으로는 반려동물이 반려식물에 접근하지 못하도록 화분을 별도의 공간에서 기르는 것이 좋다. 하지만 한정된 공간에서 그렇게 하지 못하는 경우가 대부분일 것이다. 따라서 모두가 공존하기 위해서는 다른 방법을 강구해야 한다. 예를 들어 고양이의 경우, 감귤류의 냄새를 싫어하는 점을 이용해 화분 위에 레몬이나 오렌지 껍질을 올려놓거나 시트러스향 스프레이를 뿌리는 방법이 있다. 또한 개의 경우에는 화분을 파헤치지 못하도록 흙 위에 큼직한 조약돌을 덮어두는 것도 유용하다.

　전통적인 반려동물인 개와 고양이 외에도, 식물과 함께 키우기에 적합한 생물종은 점점 더 다양해지고 있다. 여기서 '비바리움vivarium'이라는 개념에 주목할 필요가 있다. 비바리움은 라틴어로 '살아 있는'을 뜻하는 '비부스vivus'와 '장소'를 뜻하는 '아리움arium'이 결합된 말이다.

비바리움이라는 용어는 로마의 정치가이자 학자였던 대大 플리니우스(Pliny the Elder, 23~79)의 저서 《자연사Naturalis Historia》에 처음 등장한 것으로 알려져 있다. 그는 귀족 루키누스 무라에나Lucinus Muraena의 저택에 조성된 물고기 연못, 즉 인공 수조형 서식지를 묘사하며 이 용어를 처음 언급했다.

이후 비바리움은 그 개념이 확대되어 다양한 유형으로 진화했다. 우리에게 익숙한 테라리움terrarium은 식물 중심의 환경을, 아쿠아리움aquarium은 수생 생물 중심의 수중 환경을 말한다. 팔루다리움paludarium은 육지와 수생 생물이 공존하는 반수생 생태계를, 인섹타리움insectarium은 곤충을 위한 생태 환경이며, 포미카리움formicarium은 개미의 행동을 관찰하는 데 특화된 비바리움이다.

비바리움은 보통 닫힌 혹은 반닫힌 공간 안에서 동물과 식물이 조화롭게 살아갈 수 있도록 구성된 인공 생태계로서, 일반적으로는 소형 유리 용기나 아크릴 케이스 속에 동물과 식물이 조화롭게 살아갈 수 있도록 구성된다. 예를 들어, 투명한 용기 안에 고목, 이끼, 양치식물 등이 어우러져 마치 숲을 축소한 듯한 공간에 도마뱀이 야생처럼 살아가는 비바리움은 최근 큰 인기를 끌고 있다. 비바리움은 도시에 살아가는 인간과 동식물의 공존을 가장 잘 풀어낸 반려 문화라 할 수 있다.

아쿠아포닉스aquaponics라는 개념도 있다. 물고기 양식과 식물 수경재배 방식을 결합한 것으로, 물고기 배설물이 식물의 양분이 될 수 있고, 식물은 물을 정화하는 순환 시스템이다. 이처럼 우리의 생활 공간이 생태계의 일부이자 서식지, 나아가 생산적인 공간으로 전환되어, 더 큰 지구 생태계와 연결되고, 생물

식물과 동물이 공존하는 비바리움 출처: iStock

다양성 보전에 대한 인식을 높이는 데 기여할 수 있다면, 우리는 단순한 동거를 넘어 진정한 '공존'의 길로 나아갈 수 있을 것이다.

지금, 그리고 앞으로 우리가 마주할 가장 큰 화두는 바로 '공존'과 '공생'이다. 기후 위기와 함께 멸종 위기에 처한 전 세계의 동식물, 무분별한 도시 확장으로 야생의 서식지가 사라지고, 그 속에 깃들어 사는 야생 생물들이 살아갈 자리를 잃어가고 있다. 이제 도시는 단순한 인간 중심의 생활 공간을 넘어서 다양한 생물들이 함께 살아가는 생명의 피난처가 되어야 한다. 정원은 그 중심에 있다. 규모가 작아도 괜찮다. 식물과 함께 살아가는 일, 그 자체가 도시에서 생명을 지키는 가장 사적인 실천일 수 있다. 우리의 창가, 거실, 베란다, 화분 하나가 곧 정원이 될 수 있고, 그 정원이 곧 공존의 출발점이 될 수 있다.

 # 도시 탄소의 흡수원

 정원에서 발생하는 식물성 폐기물을 자체 순환시키면 해마다 정원을 훨씬 더 아름답게 가꿀 수 있다. 가지치기한 나뭇가지, 시든 꽃과 잎을 잘 썩혀서 퇴비로 만들면 좋은 미생물이 가득한 최상의 흙이 된다. 충분히 숙성된 퇴비는 짙은 갈색을 띠고 촉촉한 숲 냄새가 난다. 천연 토양 개량제이자 보약과도 같은 양질의 퇴비를 주기적으로 정원 토양에 얹어주는 멀칭mulching 재료로 활용하면 잡초 방제, 토양 수분 유지, 양분 제공 등 식물에 매우 유익한 효과를 준다.

 풀과 잎 종류로 만든 고운 퇴비는 주로 꽃 화단에 섞어주고, 나무를 잘게 분쇄하여 썩힌 멀칭 재료는 나무 뿌리 주변에 뿌려주는데, 특히 봄은 정원의 모든 식물에 보약을 주는 행복한 시간이다. 한때 찬란했던 잎과 꽃들, 왕성했던 줄기들이 소임을

가지치기 등 식물 부산물로 만든 퇴비는 정원의 멀칭 재료로 활용되어 나무의 생장을 돕고 탄소중립에도 기여한다. ⓒ박원순

4장   정원, 도시를 품다

다하고 흙으로 돌아가 새로운 세대의 식물에 자양분이 되어주는 이 순환 과정이야말로 탄소 중립을 위한 지속 가능한 가드닝의 핵심이다.

정원에서 나오는 유기물을 퇴비화하면 폐기물 매립에 따른 처리 비용과 온실가스의 주범인 메탄 가스도 크게 줄일 수 있다. 미국 필라델피아에서는 페어마운트 파크 유기물 재활용 센터를 통해 공원과 녹지, 도시 숲에서 나오는 다양한 식물 폐기물을 열 곳 남짓 장소에 수집하여 퇴비로 만드는데, 매년 평균 5,000톤의 유기물을 재활용하고 있다. 이렇게 만들어진 퇴비는 다시 녹지에 활용하거나 시민들에게 나누어준다. 이는 현대의 도시 생태계를 위한 가장 모범적이며 친환경적 자원 순환 사례로, 우리나라의 주요 도시뿐 아니라 전국의 수목원, 식물원, 크고 작은 정원에도 반드시 구축해야 할 시스템이다.

미국 펜실베이니아주에 있는 120년 전통의 롱우드 가든에서도 1990년대부터 퇴비 프로그램을 운영하고 있다. 2만 제곱미터 면적의 퇴비 시설에서 6,100세제곱미터의 유기물 쓰레기를 처리하며, 정원 전역에서 수집한 풀과 나무 재료를 지역 마구간에서 가져온 말 분뇨와 혼합한 후 4개월에 걸친 퇴비화 과정을 거친다. 그 결과 3,800세제곱미터에 이르는 퇴비와 멀칭 재료를 생산하는데 그중 450세제곱미터는 롱우드 가든 정원에 다시 사용하고, 남는 물량은 가든숍을 통해 일반인들에게 판매

한다. 이 프로젝트를 통해 롱우드 가든은 연간 쓰레기 매립 비용을 5만~20만 달러까지 절약한다.

2015년 파리 협정을 계기로 각국은 자발적으로 국가별 온실가스 감축 목표NDC를 설정하고 정기적으로 이행 상황을 보고하게 되었다. 기업들 역시 탄소 중립에 얼마나 기여하는지 측정하고 공개해야 하는 시대를 맞이했다. 비록 대규모 산림에 비해 탄소 흡수량은 제한적이지만, 도시의 숲과 정원은 광합성을 통해 이산화탄소를 흡수하는 '그린 카본Green Carbon'으로 기능하며 기후 위기 대응에 기여한다.

애플과 구글 같은 세계적 기업들이 사옥에 대규모 정원을 조성하는 이유도 직원들의 복지와 창의성 향상뿐 아니라, 지속 가능한 공간을 통해 지구온난화 대응과 탄소 중립이라는 세계적 흐름에 적극 동참하고 있음을 보여주기 위해서일 것이다. 프랑스 파리의 명물 샹젤리제 거리 역시 2024년 올림픽을 계기로 본격적인 녹지 전환이 이루어졌다. 노트르담 성당 주변에서부터 콩코드 광장과 개선문에 이르기까지, 교통 체증과 환경오염으로 피폐해진 거리를 자연과 사람, 그리고 탄소 중립을 위한 '녹색 정원'으로 변모시키려는 친환경 도시 재생 프로젝트도 현재 진행 중이다.

탄소 흡수력이 뛰어난 식물이 가득한 숲과 정원을 가능한 한 많이 조성하면 자동차 배출 가스 등으로 발생하는 막대한 온실가스를 크게 줄일 수 있다. 예를 들어 한국수목원정원관리원 소속의 국립백두대간수목원, 국립세종수목원, 국립한국자생식물원 등 세 수목원에서 나무들이 흡수하는 탄소량은 중형 자동차 약 3만 5,000대가 1년간 내뿜는 양과 맞먹는다. 종류와 나이에 따라 다르긴 하지만, 큰 나무는 이산화탄소를 연간 수십 킬로그램 흡수하고, 줄기와 뿌리에 오랜 세월에 걸쳐 탄소를 수백, 수천 킬로그램 저장한다.

도시의 정원에 널리 퍼져 있는 관목들 역시 빠르게 성장하며 이산화탄소를 왕성하게 빨아들이는 탄소 흡수원 역할을 톡톡히 해낸다. 국립세종수목원의 연구 결과로는, 관목들의 연간 이산화탄소 흡수량은 종류마다 다르다. 가령 히어리, 박태기나무, 병꽃나무처럼 탄소 흡수량이 높은 상위 그룹 나무들은 하위 그룹에 비해 연평균 탄소 흡수량이 여덟 배 이상 많게 나타났다. 하지만 한 가지 종류를 대군락으로 심기보다 높이와 크기, 형태가 다른 식물을 여러 층으로 배치하면 공간을 최대한 활용하며 탄소 흡수 효과를 극대화할 수 있다.

그렇다면 도시의 정원사들이 각자 탄소 중립을 위해 실천할 수 있는 가드닝 방법은 어떤 게 있을까? 영국에서는 3,000만 명에 이르는 정원사가 왕성하게 활동하고 있는데, 최근 왕립원예협회RHS에서 탄소 중립을 위한 실천 방안으로 제시한 사항이 있다. 가령 정원 폐기물, 플라스틱, 유리, 금속 등 반영구적으

프랑스 파리 에펠탑에서 바라본 풍경. 파리는 2024년부터 20년간 약 300헥타르의 녹지를 추가 조성할 것을 목표로 한다. 출처: iStock

4장　　　　　　　　　　　　　　　　정원, 도시를 품다

로 재활용할 수 있는 정원의 재료를 재활용하여 순환시키는 것이다. 또한 정원을 관리하는 장비와 차량을 친환경 전기를 사용하는 것으로 바꿔 휘발유 사용을 줄이자는 내용도 있다. 탄소를 잘 흡수하는 꽃과 나무를 많이 심었더라도, 일회용품이나 자동차 등으로 탄소를 더 많이 배출했다면 탄소 줄이는 효과는 없어질 것이기 때문이다. 우리도 이런 내용을 적극 실천할 수 있는 정책과 지원 방안에 대한 검토가 필요하다.

　이제는 예쁘게 자신만의 정원을 만드는 일이 지구와 생명 공동체를 보호하고 살리는 모두의 노력과 연결되어야 한다. 그 때문에 아름다운 정원 디자인과 더불어 탄소 중립을 위한 환경 친화적 계획을 고려하는 것이 중요하다.

융복합의 시대, 새로운 차원의 정원

몇 해 전, 국립세종수목원에서 《이상한 나라의 앨리스》를 모티프로 한 특별전시를 기획했다. 반응은 기대 이상이었다. "내 기분은 내가 정해. 오늘은 행복!"이라는 슬로건 아래, 앨리스 이야기에 나오는 대표 장면들을 정원으로 꾸몄다. 사진을 많이 찍을 수 있도록 이야기에 등장하는 캐릭터와 소품들로 곳곳에 포토 스팟을 연출했다. 예를 들어, 하트 여왕이 홍학을 채로 삼아 크로켓을 치는 장면, 대형 체스판과 트럼프 병정들이 서 있는 공간을 만들었다. 꽃들은 수국과 델피늄 같은 파란색 계열, 호접란과 제라늄 같은 분홍색 계열만 선별적으로 사용했다. 앨리스 이야기를 수목원만의 고유한 전시 이미지로 재탄생시키기 위해서였다.

그랬더니 놀라운 일이 벌어졌다. 입소문과 함께 소셜 네트워크 바이럴 효과로 사람들이 몰려오기 시작하더니, 급기야는 앨리스의 파란 앞치마 같은 코스튬을 직접 입고 와서 사진을 찍고 자신의 소셜 네트워크에 올리는 사람들이 늘어났다. 비일상적인 주제와 분위기로 꾸민 정원은 관람객이 스스로 주인공이 되어 모험과 탐험을 즐기고 공유하는 무대가 되었다. 수목원의 특별전시는 하나의 브랜드로 자리 잡아, 색다른 정원 문화를 선보이는 공간이 되었고, 사람들은 매번 새롭게 펼쳐지는 전시를 즐기며 다음 전시를 기대하게 되었다.

  융복합의 시대, 정원은 이제 새로운 차원으로 확장되고 있다. 특히 수목원과 식물원 같은 공공 정원은 특정 주제를 바탕으로 전시를 기획해, 사람들이 정원을 더 자주 찾을 수 있도록 동기를 부여한다. 전시를 보기 위해 온 시민들은 정원에서 누릴 수 있는 다양한 교육·체험 프로그램도 함께 즐긴다. 그리고 사람들은 이런 과정을 통해 자연스럽게 식물의 중요한 가치와 아름다움을 발견한다.

  계절이 바뀔 때마다 그 시기에 절정인 꽃들이 정원을 물들인다. 매년 되돌아오는 시즌마다 꽃 종류는 비슷하지만, 거기에 새로운 테마와 콘셉트를 입히면 분위기는 완전히 달라진다. 마치 백화점에서 계절에 맞춰 색깔 테마를 바꾸면서 전에 선보인 적 없는 새로운 콘셉트와 분위기로 인테리어와 디스플레이를 바꾸는 것과 비슷하다. 과거에는 튤립 축제, 장미 축제, 국화 축

국립세종수목원의 특별 전시(앨리스의 이상한 꽃나라) ⓒ박원순

제처럼 대규모 꽃밭 중심의 전시가 주를 이루었다면, 이제는 독창적인 스토리텔링과 의미 있는 메시지를 담은 색다른 콘텐츠를 선보이고 있다. 정원을 매개로 한 전시의 패러다임이 바뀌고 있는 것이다.

특히 정원을 통해 광범위한 주제의 인문학적 콘텐츠와 예술적 감성을 담을 수 있기에 전시 기획 아이템은 무궁무진하다. 사람들은 계절마다 바뀌는 특별한 정원을 통해, 다채롭고 신선한 콘텐츠를 시의적절하게 경험할 수 있다. 정원은 이제 단순한 식물 전시 공간을 넘어선다. 과학의 언어로 자연을 설명하고, 인문학의 질문으로 삶을 성찰하며, 예술의 감성으로 아름다움을 느끼게 하는 공간이 될 수 있다. 그래서 요즘은 전시, 문화, 예술이 융합된 정원을 '복합 문화 공간'이라고 표현하기도 한다. 이러한 다양한 관점이 어우러질 때, 정원은 자연과 인간, 지식과 감성이 만나는 진정한 '배움과 치유의 공간'이 된다.

예술은 정원과 가장 자연스럽게 접목될 수 있는 분야다. 정원에 있는 공간을 활용해 식물 사진전, 세밀화 전시, 화가들의 미술 작품 전시를 감상하면 자연의 섬세한 예술적 아름다움을 느끼는 경험이 극대화된다. 예를 들어, 프랑스 화가 모네의 인상주의 정원, 네덜란드 화가 고흐의 해바라기를 모티브로 한 전시, 멕시코 화가 프리다 칼로의 강렬한 색채를 담은 예술 세계, 미국 화가 조지아 오키프의 하와이 원산 열대 꽃들을 테마로 한 전시

국립세종수목원 지중해 온실에서 네덜란드 화가 고흐의 작품을 테마로 개최한 기획전 〈한여름 밤의 고흐〉 ⓒ박원순

등은 예술과 식물학의 교차점을 탐색할 수 있는 좋은 사례다.

2019년 뉴욕식물원NYBG은 브라질 조경가 호베르투 부를리 마르크스Roberto Burle Marx(1909~1994)를 조명한 특별전 〈브라질 모던: 호베르투 부를리 마르크스의 생생한 예술Brazilian Modern: The Living Art of Roberto Burle Marx〉을 열어 큰 반향을 일으켰다. 그는 3,500종 이상을 보유한 그의 거주지이자 작업 공간 '시치우Sitio'를 기반으로 열대 식물과 브라질 문화, 예술을 결합한 독창적 정원 디자인을 선보였다. 뉴욕식물원의 전시는 그의 작품 세계와 더불어 브라질 토종 식물 전시, 음악 공연, 심포지엄 등을 통해 식물원이 과학·예술·문화가 융합된 복합 전시 공간이 될 수 있음을 보여주었다.

생물다양성과 생태·환경에 관한 이슈는 정원에서 반드시 다루어야 할 중요한 주제다. 다만 이런 주제는 너무 무겁고 어렵게 느껴질 수 있기에, 영화나 다른 대중적인 콘텐츠와 접목하면 훨씬 더 큰 관심과 공감을 끌어낼 수 있다. 실제로 수목원에서 〈해리 포터〉를 연상시키는 분위기 속에 마법의 식

2019년 뉴욕식물원 특별전 〈브라질 모던: 호베르투 부를리 마르크스의 살아 있는 예술〉 도록 표지 ©New York Botanical Garden

국립세종수목원의 특별 전시(바다를 품은 정원) ⓒ박원순

국립세종수목원의 특별 전시(신비한 마법의 식물 사전) ⓒ박원순

물을 전시한 적이 있었다. 자칫 딱딱하고 어렵게 느껴질 수 있는 약초학이 흥미진진한 스토리텔링으로 바뀐 이 전시를 통해 관람객은 지식과 재미를 동시에 얻을 수 있었다.

정원 입구에는 마법사의 모자와 망토를 비치해 관람객 누구나 마법사 복장으로 정원을 체험할 수 있도록 했다. 푸른빛을 내는 커다란 수정구 주변에는 미니 유리 온실(위디언 케이스)을 설치해 역사상 가장 유명한 마법 식물들을 전시했다. 예를 들어, '맨드레이크'라는 식물은 뿌리 모양이 사람의 몸을 닮았는데, 뽑으면 끔찍한 비명을 지르며, 그 소리를 들은 사람은 죽는다는 전설이 전해진다. 또 셰익스피어의 〈맥베스〉에서 모티프를 얻어 세 마녀가 모닥불 위에 솥을 걸어 놓고 마법의 약을 끓이는 장면은 관람객의 상상력과 호기심을 자극했다.

기후변화와 지구 온난화로 위기에 처한 바다 생태계의 현실을 알리기 위해 바닷속 풍경을 정원으로 구현한 특별 전시도 준비했다. 바다 역시 육상의 숲과 정원처럼 수많은 생명의 터전이지만, 지구 온난화로 빠르게 병들어 가고 있다. 특히 바다 사막화가 급속히 진행되면서 해조류와 산호초가 바위에 붙어 살지 못하고, 그 결과 다양한 생물이 깃들 수 없는 황폐한 환경으로 변해가고 있다. 먹이사슬이 무너지고 바다 생태계 전체가 위협받고 있는 상황이다.

이를 알리기 위해 온실 정원을 바닷속 풍경으로 연출했다.

물고기와 고래, 산호초 등 바다 생물들이 공중에 떠다니는 가운데 전시장 곳곳에는 환경 보호 메시지를 담은 해설판이 설치되었다. 이 바다 생물들은 밤이 되면 마치 심해어처럼 빛을 내며 환상적인 분위기를 자아낸다. 관람객은 그 속에서 바다 생태계의 소중함과 아름다움을 체감하게 되고, 아이들은 이러한 경험을 통해 환경 감수성을 키울 수 있었다.

마침 전시 개막 시점에 드라마 〈이상한 변호사 우영우〉가 큰 인기를 얻으며 이 전시에 대한 관심도 함께 높아졌다. 그 드라마 속에서 긴수염고래, 대왕고래, 범고래 등 다양한 고래가 등장해 사람들의 바다에 대한 관심을 불러일으켰기 때문이다.

나는 앞으로 도시의 정원도 구독 서비스처럼 활용할 수 있다고 생각한다. 연간 회원제 혹은 멤버십 형태로 정원을 '구독'하는 방식이다. 내 집 정원에 계절마다 꽃을 바꾸고 집 안에 그림이나 인테리어 소품을 바꾸는 데에는 많은 시간과 비용이 들지만, 가까운 수목원이나 식물원, 정원을 구독하듯 이용한다면, 계절의 변화를 보다 손쉽게 누릴 수 있을 뿐만 아니라 특별 전시, 교육 프로그램 등 다양한 혜택도 함께 즐길 수 있다. 때때로 전시가 바뀌고 정원의 꽃이 달라져 새로운 경험을 할 수 있으니 얼마나 좋은가. 이러한 멤버십은 정원을 일상 속에서 편안히 즐기는 방법일 뿐만 아니라, 해당 정원을 후원하는 의미 있는 참여 방식이기도 하다.

또한 지역 예술가나 정원 작가와 협업해 전시 콘텐츠의 다양성을 높이고, 지역 문화의 발전과 수익 창출에도 기여할 수 있다. 급변하는 시대 속에서 정원이 전하는 메시지도 빠르고 유연하게 진화하며, 관람객 맞춤형 또는 생애 주기별 콘텐츠로까지 확장되고 있다.

서울 도심 한복판의 대형 백화점에서도 가장 핵심적인 공간에 대규모 정원이 자리 잡았는데, 여기에 계절별 색다른 테마를 입혀 크리스마스 시즌 등 특수 시즌마다 큰 주목을 받고 있다. 이처럼 정원을 활용한 전시는 트렌드에 민감한 감각적 소비자들의 눈길을 끌기에 충분한 매력을 지닌다. 따라서 앞으로 정원의 개념은 경제·사회·문화 전반에 걸쳐 다양한 분야와 융합하며 더욱 확장성 있게 진화해나갈 것이다.

이끼와 고사리, 미래를 지킬 원시 식물

정원에 물 주는 일을 좋아한다. 이른 아침 목마른 식물들에게 물을 줄 때 비스듬한 햇살에 수많은 물 분자들이 반사돼 반짝거리는 모습을 보는 일과 크고 작은 잎들 위로 물방울이 떨어지는 소리를 듣는 즐거움이 크다. 무엇보다 식물들이 생기를 되찾는 모습을 보면 내 안에 있는 건조함과 권태로움에도 생기가 돈다고 할까.

특히 높은 습도를 좋아하는 다양한 고사리류(잎 모양이 양의 이빨을 닮아 '양치류'라고도 한다)를 모아놓은 정원은 매일매일 뿌리와 줄기, 잎이 마르지 않도록 전체적으로 충분히 수분을 공급해주어야 하기 때문에 물 주는 일이 가장 즐거운 공간이다. 고사리류는 공룡의 시대를 향유한 대표적인 식물이다. 그래서 공룡이 등장하는 영화 속 장면을 떠올리며 쥐라기 시대의 숲을 상상

수억 년 전 공룡 시대에 번성했던 나무고사리는 오늘날에도 열대우림과 도심 속 수목원 온실에서 여전히 왕성하게 자라고 있다. ⓒ박원순

해보면, 가장 먼저 고사리 정원이 오버랩된다.

식물의 탄생과 진화는 오랫동안 많은 사람들의 관심을 끌어온 주제다. 오늘날 우리가 주변에서 흔히 볼 수 있는 식물 중에는 그 역사가 공룡이 출현한 2억 3,000만 년 전, 아니 그 이전부터 이어져온 종류가 많다. 예를 들어, 4억 7,000만 년 전 처음 육지에 등장한 이끼류, 3억 6,000만 년 전에 나타난 고사리류, 그리고 2억 8,000만 년 전부터 번성하기 시작한 소철류를 꼽을 수 있다. 도심 속 가로수로 흔히 볼 수 있는 은행나무 역시 2억 7,000만 년 전 처음 출현한 이후 거의 변함없는 모습으로 이 땅에 살고 있는 가장 오래된 나무 중 하나다. 공룡과 함께 살던 식

국립세종수목원의 특별 전시 포스터(쥐라기 가든: 식물의 탄생과 진화) ⓒ박원순

물들이 '살아 있는 화석'처럼 지금도 우리 곁에 있다는 사실은 정말 신기하고 경이롭다. 우리가 집에서 키우는 반려식물이 수억 년의 진화 역사를 지닌 지구의 선조라는 사실을 알게 되면, 그 식물들이 조금 다르게 보이지 않을까?

반면에, 현생 인류인 호모 사피엔스Homo Sapiens는 지구에 등장한 지 고작 30만 년밖에 되지 않았다. 식물의 역사에 비하면 정말 짧은 시간이다. 만약 이끼류 같은 육상식물이 처음 나타난 시점을 0시로 하여 지금까지 지구의 역사를 24시간으로 놓고 본다면, 양치류는 새벽 5시 반쯤, 소철류는 오전 9시 반쯤 등장했고, 정오가 좀 지나 공룡이 출현했다. 최초의 꽃식물과 벌은 오후 5시가 다 되어서, 그리고 인류는 자정 직전인 밤 11시 59분에야 지구에 모습을 드러낸 셈이 된다.

일찍이 식물학자들은 지구에 존재해온 다양한 식물을 수집하고 연구하며 기록하고 보전하는 데 많은 노력을 기울여왔다. 특히 유럽에서는 왕실과 귀족의 후원으로 식물원이 만들어져 전 세계 식물 자원을 수집했다. 16세기부터 등장한 '오랑주리 Orangerie(오렌지 온실)'는 다른 대륙에서 온열대와 아열대 식물을 겨울 추위로부터 보호하는 데 큰 도움이 되었다. 유리를 만드는 기술이 발달하면서 더 크고 정교한 유리 온실이 만들어졌다.

18세기 중반 설립된 영국의 큐 왕립식물원Royal Botanic Gardens, Kew은 전 세계의 다양한 식물 자원을 체계적으로 수집하고 보전하는 데 중요한 역할을 해왔다. 1762년 중국에서 들여온 회화나무와 1775년 남아프리카에서 들여온 이스턴케이프 소철은 지금도 큐 왕립식물원에서 자라고 있다. 설립 후 260여 년이 지난 지금 큐 왕립식물원에는 전 세계에서 수집된 2만 7,000 종류 식물의 보금자리다. 이들 중 일부는 이미 야생에서 사라졌거나 멸종 위기에 처해 있기에, 큐 왕립식물원의 식물 컬렉션은 전 지구 차원에서 더욱 중요한 자원이다.

식물을 연구하고 조사하는 과정에서 종종 놀라운 발견이 이루어지기도 한다. 예를 들어, 멸종된 줄 알았던 메타세쿼이아는 1941년 중국의 식물학자에 의해 새롭게 발견돼 세계를 놀라

1840년대에 지어진 영국 큐 가든의 팜하우스 온실은 열대 식물의 다양성과 진화를 보여주는 상징적 공간이다. ⓒ박원순

게 했다. 덕분에 이 나무는 오늘날 우리나라를 비롯한 전 세계 온대 지방에서 널리 자라고 있다. 또한 2억 년 전 공룡의 시대에 번성했던 울레미소나무 역시 이미 멸종된 것으로 여겨졌으나, 1994년 호주 울레미 국립공원에서 살아있는 나무가 발견돼 다시 볼 수 있게 되었다.

　19세기 식물학의 황금기에는 많은 식물들이 전 세계적으로 활발하게 이동했는데, 여기에는 '워디안 케이스Wardian Case'가 중요한 역할을 했다. 박물학자 너새니얼 워드Nathaniel Bagshaw Ward(1791~1868)가 나무와 유리를 이용해 만든 이 혁신적인 상자는 차나무, 고무나무, 난초 등 귀한 식물들이 수개월에 이르는 긴 항해를 거쳐 다른 대륙으로 운반될 때 말라 죽거나 오염되지 않고 건강하게 생존할 수 있도록 해줬다. 열대우림부터 산악지대까지 전 세계 1만 종이 넘게 분포할 만큼 다양한 패턴과 질감을 지닌 양치식물은 대부분 높은 습도를 필요로 하는데, 워디안 케이스 덕분에 무난하게 유럽에 소개되면서 큰 인기를 끌었다. 빅토리아 시대에는 '고사리 열풍'을 뜻하는 프테리도마니아Pteridomania라는 말이 생겨날 정도였고, 양치식물 전용 온실인 퍼너리Fernery가 등장하기도 했다.

　수억 년 동안 지구 상에는 수많은 식물들이 나타났다가 사라졌다. 기후변화, 화산 활동, 소행성 충돌 등으로 인한 대멸종도 여러 차례 발생했다. 오늘날 우리는 제6의 대멸종 또는 인류

국립세종수목원이 디자인한 현대판 워디안 케이스는 난초와 고사리 등 습도가 높은 환경을 좋아하는 식물에 최적의 환경을 제공한다. ⓒ박원순

세Anthropocene 멸종이라 불리는 위기를 맞았다. 인간 활동으로 인한 지구 환경 변화가 그 어느 때보다 빠르고 심각하게 진행되고 있기 때문이다.

생물의 다양성을 지키기 위한 모두의 노력이 절실한 이 시대, 도시 정원사의 역할은 그 어느 때보다도 더 중요하다. 오늘날 도시는 단순한 콘크리트 정글이 아니다. 도시 정원사는 단순히 식물을 기르는 것에 그치지 않고, '시민 과학자' 혹은 '도시 식물학자'로서 식물의 역사와 중요성을 널리 알리고 보전하는 일에 동참해야 한다.

수목원에서 일하다 보면 미래의 식물학자가 될지도 모를 어린이·청소년의 방문이 그렇게 반가울 수 없다. 초롱초롱 눈망울로 하나하나의 꽃과 잎을 모든 감각으로 흡수하는 아이들에게 식물 이야기를 들려주는 일은 가장 큰 보람을 안겨준다. 온 가족이 함께 정원을 가꾸고 다양한 식물과 친숙해지는 시간을 갖는다면 지속 가능한 지구 환경을 만들어갈 새로운 초록 세대와 미래의 식물학자를 더 많이 길러내는 데 크나큰 도움이 될 것이다.

죽음을 너머 위로와 안식으로

묘지도 아름다운 정원이 될 수 있다. 잘 조성된 묘지는 그 자체로 아름다운 정원이자, 추모와 사색의 공간이 된다. 실제로 유럽의 도시에서는 묘지 정원도 종종 웬만한 식물원처럼 체계적으로 관리한다. 전문 가드너가 계절마다 꽃들을 관리하고, 추모객뿐 아니라 시민을 위한 산책로와 쉼터 공간을 관리하며, 때로는 묘지 정원 해설 투어나 문화 행사를 열기도 한다. 대표적인 예로, 모차르트, 베토벤, 브람스 등 세계 유명 음악가들이 잠들어 있기도 한 오스트리아의 비엔나 중앙 묘지Vienna Central Cemetery는 아름다운 아르누보 건축물과 풍부한 녹지로 유명한 관광 명소로도 알려져 있다.

그만큼 묘지 정원은 역사와 전통도 깊다. 그도 그럴 것이 서양 정원의 기원과 역사에서 묘지는 중요한 부분을 차지해왔다. 고대 이집트, 그리스, 소아시아의 왕족과 귀족들의 무덤 벽화에는 다양한 꽃과 나무들이 그려져 있었다. 이는 사후에도 계속 풍요로운 삶이 이어진다는 믿음, 아름다운 정원에서 사후 세계의 영생과 불멸을 꿈꾸고자 했던 염원, 그리고 고인의 뜻을 아름다운 정원의 이미지와 함께 오래오래 기리고자 했던 후손들의 정성이 담긴 것이었으리라.

오스트리아 비엔나 중앙 묘지에 자리한 베토벤의 묘비 출처: iStock

고대 로마에서는 신전과 무덤 주변에 숲이나 정원을 조성하는 전통이 있었다. 이는 신들이 거주한다고 믿었던 신성한 공간에서 고인의 안식을 기원하는 의미가 있었다. '루쿠스lucus'라 불리는 이 신성한 숲은 로마인에게 신과 인간, 삶과 죽음의 경계가 맞닿는 장소였다. 죽음에 대한 고대인의 상상은 늘 자연과 함께였다. 자연 속에 신이 깃들어 있다고 믿었던 사람들은 무덤 곁에 나무를 심고, 정원을 가꾸며, 그 속에 고인의 삶의 흔적을 함께 묻었다.

오늘날 정원형 묘지의 기원은 어쩌면 이미 이러한 고대의 풍경 속에서 싹트고 있었는지도 모른다. 고대 도시들의 인구가 급격히 늘어나면서 공동묘지는 주로 교외에 넓게 조성되었고, 그 주변에는 채마밭이나 과수원이 함께 만들어지기도 했다. 특히 포도나무, 무화과나무, 올리브나무, 석류나무는 영원한 삶과 풍요를 상징하며, 죽은 이를 추모하고 그들의 안식을 염원하는 의미를 담고 있었다.

중세시대에 이르러 죽음은 가톨릭 신앙 속에서 하느님의 심판과 구원으로 이어지는 통로로 여겨졌다. 이에 따라 묘지는 주로 교회나 수도원 주변의 성스러운 땅에 조성되어 기도와 구원의 상징적 장소가 되었다. 묘비에는 십자가와 라틴어 비문이 새겨지는 경우가 많았으며, 특히 수도원 묘지는 수도사와 후원자들이 함께 묻히는 성역으로 특별한 의미를 지녔다.

보다 많은 사람들을 위해 체계화된 대규모 공공 묘지는 훨씬 나중에 형성되었다. 19세기 영국의 조경가 루던은 《묘지의 배치, 식재, 관리 그리고 교회 묘지의 개선에 관하여 On the Laying Out, Planting, and Managing of Cemeteries, and on the Improvement of Churchyards》(1843)에서 묘지를 정원과 공원의 개념으로 확장하는 아이디어를 소개했다. 그는 이 책에서 묘지를 단순한 매장지가 아닌, 공공의 휴식과 사색의 장소로 조성할 것을 제안했다. 이를 위해 체계적인 식재와 관리 방안도 상세히 제시했다. 이러한 그의 아이디어는 현대 공원형 묘지의 기초를 마련하는 데 큰 영향을 미쳤다.

루던은 도시 외곽의 조용하고 경관이 아름다운 장소를 묘지 부지로 추천했는데, 여기에는 두 가지 이유가 있었다. 첫째는 악화된 도시의 위생 상태를 개선하기 위해서였다. 산업화와 도시화로 인해 도시 내 장례 공간이 부족했고, 작은 공간에 조밀하게 매장하거나 심지어 같은 무덤에 반복 매장하는 일도 빈번했다. 그 결과 부패한 시신으로 인해 지하수가 오염되고 악취가 발생하는 등 도시 위생 상태는 매우 나빠졌으며, 콜레라, 결핵, 장티푸스와 같은 전염병이 확산할 우려도 커졌다. 묘지는 도시의 골칫거리가 되었던 것이다.

둘째 이유는, 묘지 방문객들에게 평온한 환경을 제공하기 위해서였다. 거주지와 묘지가 너무 가까우면 심리적 불안감이 크기 때문이었다. 이를 위해 루던은 묘지 내부의 도로와 산책로를 곡선 형태로 설계하여 자연스러운 흐름과 경관 가치를 높이는 것을 강조했다. 그는 주목, 회양목, 호랑가시나무 같은 사철 푸른 식물을 활용해 영속성과 평온함을 강조하면서도, 참나무, 너도밤나무, 자작나무 같은 낙엽수와 라일락, 장미 같은 관목, 그리고 수선화, 은방울꽃, 붓꽃 같은 초본류를 통해 계절의 변화를 감상할 수 있게 했다. 루던의 식물 컬렉션은 곧 개방된 공원의 기본 개념이 되었고, 이는 이후 '대중들의 공원People's Parks'이라는 이름으로 널리 알려지게 되었다.

19세기에는 자연과 정원, 예술이 결합된 묘지도 등장했다. 대표적인 예가 프랑스 파리의 페르 라셰즈 묘지Père Lachaise Cemetery다. 1804년 조성된 이곳은 유럽 정원 묘지의 상징 같은 공간으로, 프레데리크 쇼팽, 오스카 와일드, 에디트 피아프 등 수많은 예술가와 유명 인물들이 안장되어 있다. 묘비와 조각상이 다양한 나무들과 자연스럽게 어우러진 이곳은 지금도 파리에서 가장 인기 있는 산책 코스 중 하나다.

영국 런던 북부에 자리한 하이게이트 묘지Highgate Cemetery 역시 빼놓을 수 없다. 1839년 빅토리아 시대의 개막과 함께 문을 연 이 낭만주의 정원 묘지는 철학자 카를 마르크스Karl Marx(1818~1883)와 물리학자 마이클 패러데이Michael Faraday(1791~1867)가 잠든 곳으로도 유명하다. 폐허 같은 건축물에 덩굴식물이 얽혀 있고, 이끼 낀 묘비 위로 빅토리아 시대 특유의 조각상들이 세월의 흔적을 품고 있다. 고딕, 튜더, 이집트 양식이 절묘하게 어우러진 이 묘지는 마치 신비로운 영화 속 풍경처럼 느껴지기도 한다. 죽음조차 낭만적으로 느껴지는 이유다. 하이게이트 묘지는 세계대전 등의 여파로 한때 방치되었지만, 1970년대 설립된 '하이게이트 묘지 친구들The Friends of Highgate Cemetery'이라는 단체의 복원 활동으로 다시 생기를 되찾았다. 현재는 일부 구역만 가이드 투어를 통해 출입할 수 있으며, 묘지 보존과 문화적 스토리텔링을 잘 조화시킨 모델로 평가받고 있다.

이러한 흐름은 유럽에만 국한되지 않았다. 미국 뉴욕 브루클린에 위치한 그린우드 묘지Green-Wood Cemetery는 1838년 설립된 정원형 묘지로, 19세기 중반에는 나이아가라 폭포 다음으로 많은 관광객이 찾는 명소였다. 광활한 잔디밭과 구불구불한 산책로, 계절에 따라 옷을 갈아입는 나무들 사이에 묘비들이 자연스럽게 배치되어 있다. 미국의 역사를 고스란히 품고 있는 이 묘지는 영화와 TV 프로그램의 촬영지로도 자주 등장한다. 2006년에는 그 역사성과 경관 가치를 인정받아 미국 국가사적지National Historic Landmark로 지정되었다.

한편 남미 쪽으로 가면 묘지를 바라보는 또 다른 문화적 단면을 볼 수 있다. 멕시코의 '죽은 자의 날Día de los Muertos'은 묘지가 단순한 추모 공간이 아니라 가족과 친구들이 함께 모여 고인을 기리는 축제의 장으로 바뀐다. 무덤은 촛불과 메리골드 꽃으로 화려하게 장식되고, 고인이 생전에 좋아했던 음식과 음악까지 더해진다. 죽은 이들과 살아 있는 이들이 자연스럽게 어우러지는 축제 속에서 묘지는 기억과 축하, 공동체가 만나는 장소로 재해석된다. 추모 정원으로서 묘지의 또 다른 가능성을 보여주는 사례다.

그렇다면 대한민국의 오늘을 사는 우리에게 공동묘지는 어떤 의미로 다가올까? 묘지는 고인의 마지막 안식처이지만, 흔히 을씨년스럽고 정적인 공간으로 여겨지곤 한다. 산자락에 획일적인 묘와 묘비가 끝없이 이어지고, 그 사이사이로 빛바랜 조화들이 듬성듬성 놓인 모습이 과연 사랑하는 이를 기리는 가장 적절한 방식일까? 현대 도시 사회에서 묘지를 더 의미 있는 공간으로 바꿀 수는 없을까?

　몇 해 전 갑작스럽게 세상을 떠난 친구의 수목장을 찾을 때마다, 나는 깊은 슬픔과 함께 공허함에 사로잡히곤 한다. 드넓은 추모공원에서 지도와 번호 없이는 찾기도 어려운 수많은 묘소들 중 하나인 소나무 아래에는 친구의 이름 세 글자와 출생일, 기일만 새겨진 작은 추모 명패가 덩그러니 놓여 있다. 비록 나무와 함께한다는 상징적 의미가 담겨 있지만, 이곳이 조금 더 아름다운 공간이라면 얼마나 좋을까 하는 생각이 들곤 한다. 그래서 며칠 못 갈 것을 알면서도 늘 꽃집에서 조화 대신 생화 몇 송이를 사서 명패 옆에 두고 온다. 마음 같아선 나무 주변에 작은 꽃나무와 여러해살이풀을 심어 아름다운 손바닥 정원으로 꾸며주고 싶지만, 대부분의 수목장에서는 규정상 쉽지 않은 일이다. 만약 묘지가 아름다운 정원이 되어, 가족과 친지들이 꽃과 나무들 사이에서 고인의 영혼을 기릴 수 있다면 얼마나 좋을까. 그러나 묘지 공간은 점점 부족해지고 갈수록 비용도 높아지는 상황 속에서 이런 바람은 어쩌면 비현실적으로 들릴지도 모른다.

　하지만 스위스 그린델발트Grindelwald 마을의 아름다운 공

묘비마다 아름다운 화단으로 꾸며진 스위스 그린델발트 마을의 작은 공동묘지
출처: iStock

동묘지처럼, 묘비마다 화사한 '진짜' 꽃들로 정성스럽게 가꿔진 화단을 보면, 우리네 묘지도 그렇게 관리될 수 있다면 얼마나 좋을까 하는 생각을 떨칠 수 없다. 묘지가 이처럼 생기 넘치는 정원으로 가꾸어진다면, 추모는 한층 더 깊고 아름다운 경험이 될 수 있을 텐데 말이다.

다행히도 이를 해결할 작은 실마리도 보인다. 인공지능AI과 가상현실VR 기술의 발전은 장례 문화를 새로운 방식으로 변화시킬 가능성을 열어주고 있다. 고인의 사진과 SNS 기록, 일기나 편지를 딥러닝deep learning으로 학습한 AI가 고인의 모습을 재현해, 가상의 정원에서 방문자와 대화를 나누고 함께 산책하

OpenAI의 DALL·E 도구를 활용한 가상의 추모 공간에 대한 상상 이미지
ⓒOpenAI, 생성형 AI 이미지

는 일도 가능해질지 모른다. 고인의 목소리와 말투까지 복원된다면, 영화 〈원더랜드〉의 한 장면처럼, 마치 생전에 함께했던 순간처럼 느껴질 수도 있을 것이다.

이렇게 인공지능과 가상현실이 결합된 추모 정원은 고인의 삶을 추억하고 함께할 수 있는 특별한 장소가 될 수 있다. 이는 단순히 묘지를 조성하는 차원을 넘어, 누군가의 기억이 살아 숨 쉬는 공간을 창조하는 일이다. 특히 생전에 정원을 사랑했던 사람이라면, 이러한 기술은 더욱 각별한 의미를 지닐 것이다. 고인의 삶을 아름답게 기리는 동시에, 남은 이들에게 위로와 안식을 건네는 새로운 공간으로 거듭날 것이기 때문이다.

 ## 국가 브랜드 정원의 시대

우리나라에는 「수목원·정원의 조성 및 진흥에 관한 법률」에 근거한 정원 등록 제도가 있다. 현재 순천만국가정원과 태화강국가정원이 '국가정원'으로 지정되어 국가 차원의 관리와 지원을 받고 있으며, 각 지방자치단체가 조성·운영하는 '지방정원'도 점차 확대되고 있다. 또한 개인이나 단체가 소유하고 운영하는 '민간정원' 역시 일정 요건을 충족하면 등록이 가능하다.

이 가운데 순천만국가정원의 성공 사례가 눈에 띈다. 2013년과 2023년 두 차례에 걸쳐 국제 정원 박람회를 성공적으로 개최하며 널리 알려진 순천만국가정원은 우리나라 정원 분야에서 이룬 대표적인 성과로 자리매김했다. 국내외 유수의 정원사와 조경가가 설계에 참여한 이 정원은 생태적 가치와 더불

순천만국가정원 ©박원순

어 세계적 위상을 높였으며, 지역 경제에도 상당한 파급효과를 가져왔다.

국가적 브랜드라는 차원에서 해외에도 유사한 사례가 있다. 영국 콘월Cornwall의 '에덴 프로젝트The Eden Project'는 폐광지를 복원해 2001년 문을 연 혁신적인 정원으로, 거대한 돔형 온실 속에 열대우림과 지중해 기후대를 재현했다. 런던에서 기차로 5시간 거리에 있는 이 지역은 아마도 이 프로젝트가 아니었다면 그저 조용하고 평범한 시골 마을로 남았을 것이다. 지금은 연간 100만 명 이상이 방문하는 명소가 되었으며, 400명 이상의 직접 고용과 수천 개의 간접 일자리 창출 효과를 거두고 있다. 이든 프로젝트는 현재 사업을 확장하여, 새로운 부지인 랭커셔주 모캄에 '에덴 프로젝트 노스Eden Project North'를 건설하고 있다.

짜릿한 놀이기구나 특별한 휴양 시설이 있는 것도 아닌데, 사람들은 왜 이런 정원을 찾는 것일까? 움직이지도 않는 식물과 정원을 관람하는 것이 사람들에게 어떤 즐거움을 주는 것일까? 사실 이러한 정원이 제공하는 서비스는 단순한 자극을 넘어서는 한층 더 깊고 고차원적 즐거움이다.

심리학자 매슬로 Abraham Maslow(1908~1970)의 욕구 위계 이론에 따르면, 인간은 기본적인 생리적 욕구와 안전에 대한 욕구뿐만 아니라, 이보다 더 상위 개념인 소속감 같은 사회적 욕구, 성취감 같은 존경의 욕구, 그리고 무엇보다 개인의 잠재력을 실현하고 창의성을 발휘하고자 하는 자아실현의 욕구를 지니고 있다. 정원을 방문하는 사람들이 얻는 것은 이러한 상위 욕구들의 충족이다.

에덴 프로젝트와 같은 대규모 정원은 이러한 고차원적 욕구를 충족시키는 데 중요한 역할을 한다. 먼저, 이들 정원에서 볼 수 있는 수천 종의 식물과 다양한 스타일의 정원은 자연과의 교감을 증진시키며, 단순한 시각적 감상을 넘어 감각적·정서적 경험을 제공한다. 방문객들은 식물의 형태와 질감을 손으로 느끼고, 계절마다 달라지는 향기를 맡으며, 자연 속에서 변화하는 빛과 색채를 경험할 수 있다. 이를 통해 정원은 단순한 식물 전시 공간을 넘어 오감을 자극하는 생태적·예술적 공간으로 기능

영국 콘월에 2000년에 설립된 에덴 프로젝트

한다.

 또한 전 세계에서 수집된 식물 자원의 다양성을 관람하는 일은 그 식물이 자란 지역의 역사와 인문학적 배경을 함께 배우고 즐기는 과정이다. 방문객들은 식물의 이름이 적힌 표찰뿐만 아니라, 식물과 정원 문화에 대한 풍부한 정보를 담은 해설판을 읽으며 지적 호기심을 충족한다.

 여기에서 그치지 않고, 정원을 방문하는 동안 자신이 전 세계 식물 커뮤니티의 일원이라는 소속감을 느끼며 사회적 욕구를 충족시킨다. 더 나아가 식물원에서 제공하는 교육·체험 프로그램, 예를 들어 식물을 직접 심어 보는 체험이나 정원 가꾸기 워크숍에 참여하는 과정에서 성취감을 얻게 되는데, 이는 궁극적으로 자아실현 욕구 충족으로 이어진다.

　다른 많은 심리학자들이 공통적으로 언급하는 관계성에 대한 욕구 역시 정원에서 충족될 수 있다. 가족, 친구, 연인과 함께 정원을 방문하고, 자연 속에서 의미 있는 시간을 보내며 타인과의 의미 있는 관계를 더욱 깊이 형성할 수 있기 때문이다. 이뿐만이 아니다. 관람객은 식물원에서 생물 다양성을 보전하는 노력에 동참하는 과정에서 단순히 인간으로서의 욕구 충족을 넘어 자연을 보호하고 환경을 보전하며 기후변화에 대응하고 탄소중립에 기여하는 방법을 배우게 된다. 정원에서 배우는 지속가능한 가드닝에 대한 지식과 경험은 각자 자신의 집에서 정원을 가꿀 때 활용할 수 있는 소중한 자료가 되어 결과적으로 각 개인과 가정의 자아실현 욕구를 충족시킨다.

　최근 가장 흥미로운 국가적 차원의 정원 사례는 싱가포르에서 찾아볼 수 있다. 싱가포르는 말레이반도 남단의 해상 요충지로, 1819년 영국 식민지로 설립된 후 무역 중심지로 성장했다. 1965년 독립 이후 다문화 국가로 발전했으며, 현재는 동남아시아를 대표하는 글로벌 허브로 자리 잡았다. 국토 면적이 서울시의 약 1.2배 규모로, 인구도 서울시의 약 64퍼센트 수준밖에 안되는 도시국가가 오늘날 마이스MICE(기업회의meeting, 포상관광insentive tour, 컨벤션convention, 전시회exhibition) 산업에서 세계적인 위상을 갖추고 있다는 게 놀라울 따름이다.

더 놀라운 건 싱가포르의 정원 사랑이다. 싱가포르는 1960년대부터 '가든 시티Garden City' 슬로건을 내걸고 녹지 공간을 조성해 왔다. 이후 '시티 인 어 가든City in a Garden'을 거쳐, 현재는 '자연 속 도시City in Nature'라는 비전을 채택하여 도시와 자연의 경계를 허물고 있다.

싱가포르는 정부 기관인 국립공원청NParks, National Parks Board을 통해 정원 및 녹지 관리 시스템을 운영하고 있다. 이 기관은 공원 관리뿐 아니라 생물 다양성 보전, 식물 연구, 정원 문화 확산 그리고 지속 가능한 녹지 조성을 목표로 한다. 최근 이루어낸 대표적인 성과로는, 세계적인 관광 명소인 가든스 바이 더 베이Gardens by the Bay, 공원과 주거지를 연결하는 공원 연결망Park Connector Network, PCN이다. 이들 프로젝트는 첨단 기술과 자연의 융합, 생태 보전을 중심으로 이루어졌다.

싱가포르의 정원 문화와 관련하여 빼놓을 수 없는 기관은 아시아 최초로 유네스코 세계문화유산으로 등재된 싱가포르 식물원이다. 1859년 설립된 이 식물원은 생물 다양성 보전과 식물 연구의 중심지로, 국립 난초 정원과 열대우림 구역을 통해 보전, 연구, 교육의 허브로 기능하고 있다.

2012년 개원한 가든스 바이 더 베이는 식물계의 디즈니랜드라고 불릴 만큼 최첨단 기술이 접목된 온실 시설과 야외 정원 인프라를 갖춘 곳이다. 실제로 디즈니와 업무협약MOU을 맺고 시즌마다 특별한 정원 전시를 개최할 만큼 인기 있는 명소다. 대형 온실 주변에는 슈퍼트리Supertree 18개가 설치되어 있다. 슈퍼트리는 가든스 바이 더 베이의 랜드마크로, 야간 불빛 쇼와 전망대 산책로 등 다양한 볼거리를 제공한다. 또한 기후변화에 대응하는 지속 가능한 친환경 시설로서 선구적 기능을 수행한다. 슈퍼트리의 캐노피에 수집된 빗물은 온실로 순환하며 온실의 높은 온도를 식혀주는 역할을 하고, 반대로 온실 안의 뜨거운 공기는 슈퍼트리를 통해 배출된다. 또한 25~50미터 높이의 슈퍼트리는 줄기 부분이 수직 정원으로 조성되어 다양한 식물들이 자라고 있다.

싱가포르 가든스 바이 더 베이의 슈퍼트리 야간 불빛쇼 ⓒ박원순

덥고 습한 기후에도 불구하고, 가든스 바이 더 베이의 온실 안은 놀랍도록 시원하고 쾌적하다. 에너지를 효율적으로 사용하는 시스템 덕분이다. 온실 냉방 가동에 필요한 에너지의 절반가량을 폐기물과 식물 부산물을 부숙시키는 과정에서 발생하는 메탄가스를 에너지화하여 충당하고 있다.

클라우드 포레스트Cloud Forest 온실 안에는 35미터 높이의 인공 바위산과 인공 폭포가 조성되어 있다. 관람객들은 엘리베이터를 타고 꼭대기까지 올라간 후 나선형 둘레길을 걸어 내려오며 희귀한 식물들을 감상한다. 자연을 그대로 옮겨 놓은 듯한 이 공간은 규모가 어마어마하고, 시선이 머무는 곳마다 온갖 특이하고 귀한 식물들이 풍성하게 자라고 있다. 자연을 그대로 옮겨 놓은 듯한 분위기에 전 세계 생물 다양성을 책임지는 귀중한 식물 컬렉션들이 더해진 이곳은 식물의 천국이자 관람 명소이다.

싱가포르는 2030년까지 도시 면적의 30퍼센트 이상을 녹지로 조성하겠다는 '30 by 30' 계획을 추진하고 있다. 이를 위해 도심 옥상 정원과 수직 정원을 활성화하고, 시민 참여 기반의 정원 문화를 확대하고 있다. 이처럼 도시를 하나의 생태 시스템으로 설계하는 접근법은 세계적으로 주목받고 있다.

이와 같은 선진 사례를 통해 우리나라 정원을 더욱 발전시킬 수 있는 방법은 무엇일까? 공원, 정원, 녹지, 건축물을 유기적으로 연결하여 도시 전체를 하나의 생태 시스템으로 설계하는 방안, 시민 참여를 바탕으로 정원 조성과 관리를 위한 커뮤니티 프로그램 및 교육을 확대하는 방안, 그리고 첨단 기술을 활용한 스마트 도시 시스템과 정원을 결합하여 생태적 지속 가능성을 극대화하는 방안을 모색할 수 있을 것이다.

특히 우리나라의 경우, 전 세계적으로 인기가 높은 K-드라마와 K-팝을 기반으로, K-정원의 매력적인 콘텐츠를 개발하여 한국 고유의 예술적 감각을 알리는 전략을 고려해 볼 수 있다. 또한 국가 정원과 지방 정원을 연결하고, 지방 정원과 민간 정원을 연계하는 전국적인 정원 인프라 체계 구축이 필요하다.

세계가 부러워하는 풍부한 식물 자원을 지닌 천혜의 자연 속에서 한국의 정원들이 서로 연결되고 협업하며 지속 가능한 미래를 향해 함께 나아가기를 기대해본다.

수선화가 보낸 신호를 알아채는
미래의 정원

미래의 정원은 어떤 모습일까? 자원이 부족해지고 인구가 지나치게 증가한 지구를 떠나 새로운 행성으로 이주하는 이야기를 다룬 영화 〈패신저스Passengers〉에 등장하는 우주선 정원은 미래의 정원을 함축적으로 보여준다. 마치 노아의 방주처럼 지구의 귀중한 생물 자원 유전체를 모아 놓은 캡슐들과 함께 에덴동산을 연상시키는 정원의 중심에는 아름드리 대왕참나무가 상징적으로 자리 잡고 있다.

또 다른 예로, 과학자들과 대중의 큰 관심을 불러일으킨 공상 과학SF 영화 〈마션The Martian〉은 화성에 고립된 주인공이 연구 기지를 감자 재배 온실로 개조해 생존하는 이야기를 그린다. 그는 식량으로 가져온 감자에서 싹을 얻고, 연구 기지의 온도

제어 시스템과 태양광 패널, 인공 조명을 활용해 화성의 극한 환경에서 식물을 재배할 수 있는 조건을 만들었다. 척박한 토양은 자신의 배설물로 비옥하게 만들었고, 물은 로켓 연료에서 수소를 추출해 화학 반응으로 얻어냈다.

정원이 우리의 생존과 직결되어 있다는 메시지를 전하는 이 영화들은 1990년대 미국에서 진행된 '생물권 2Biosphere 2' 실험을 떠올리게 한다. 이 실험은 지구 생태계를 '생물권 1'로 정의하고, 미래에 인류가 거주할 수 있는 인공 생태계인 '생물권 2' 환경을 연구하려는 시도였다. 비록 실패로 끝났지만, 이 프로젝트는 인간이 자연 생태계를 인공적으로 재현하려는 노력이 얼마나 복잡하고 어려운지 보여준다.

그럼에도 불구하고, 인공적인 식물 재배 기술은 꾸준히 발전하고 있다. 국제우주정거장ISS에서는 우주 환경에서 센서 수백 개를 갖춘 자동화 시스템을 이용해 상추, 로메인, 고추 등 다양한 채소 재배에 성공하며 우주 환경에서 미래 정원의 가능성을 탐구 중이다.

이 같은 연구는 더 이상 먼 미래의 이야기만은 아니다. 급격한 도시화와 기후변화로 지구 환경이 위기에 처한 지금, 스마트 기술은 정원의 새로운 지평을 열고 있다. 인공지능, 사물 인터넷IoT, 드론과 로봇, 위치 정보 시스템GPS, 빅데이터, 클라우드 컴퓨팅, 그리고 각종 센서 기술 등의 발전 덕분이다.

국제 우주정거장ISS 식물 재배 장치에서 자라고 있는 채소 ⓒNASA

스마트 기술은 먹거리를 생산하는 농업뿐만 아니라 아름다운 정원을 효율적으로 관리하는 데도 도움이 될 수 있다. 예를 들어, 잔디 깎기 로봇은 사람 없이도 정원의 패턴을 학습해 작업을 수행하면서 배터리가 부족하면 스스로 충전기로 이동하기까지 한다. 에든버러대학교 정보학부에서 개발한 '트림봇Trimbot'은 3D 맵핑과 카메라 기술을 활용해 나뭇가지를 정교하게 다듬을 수 있다. 최근에는 머신러닝으로 수십만 개의 식물 샘플을 학습해 잡초를 제거하는 로봇들도 등장하고 있다. 중국 베이징의 위위안탄玉淵潭 공원은 로봇 활용에 발 벗고 나섰다. 여러 종류의 로봇들이 호수의 부유물 청소, 녹지 관리, 생태 모

에든버러대학교 정보학부에서 개발한 가지치기 로봇 '트림봇Trimbot' ⓒ에든버러대학교

니터링, 교육 등 다양한 작업을 수행하며 정원 관리를 혁신적으로 변화시키고 있다.

보다 통합적인 관점에서 스마트 기술을 정원 관리에 적용한 사례도 있다. 시카고 식물원은 인공지능을 활용해 스마트 가든 네트워크를 구축하고 있다. 정원 곳곳에 설치된 센서가 온도, 습도, 조도, 토양 수분 등의 데이터를 실시간으로 수집해 컴퓨터로 전송하면, 정원사가 아침에 출근해 그날의 정원 상태를 한눈에 파악할 수 있다. 특히 이 시스템은 사람이 육안으로 알아채기 전에 싹이 트거나 꽃이 피려는 미세한 움직임을 미리 감지한다. 예를 들어, 이른 봄 크로커스는 토양 온도를 두고 소란을 피우는 듯한 신호를 보내고, 수선화는 마치 동시에 주목받기를 원하는 듯한 패턴을 나타낸다.

튀르키예 출신 미디어 아티스트 레픽 아나돌Refik Anadol의 작품이 정원 속 증강 현실로 전시된 모습 ©Serra Utkum Ikiz

　이처럼 고도의 인공지능은 정원사의 경험과 노하우를 보완하며, 더욱 정확하고 신속한 판단을 가능하게 한다. 특히 갈수록 예측이 어려워지는 날씨와 환경 변화에 효과적으로 대응하는 데 큰 도움이 된다. 앞으로 전 세계 도시 정원의 핵심 과제는 스마트 기술을 얼마나 효과적으로 접목하느냐가 관건일 것이다.
　스마트 기술은 정원을 즐기는 방식에도 새로운 차원을 더한다. 증강현실과 가상현실은 실제 정원에 디지털 정보와 영상을 입혀 환상적인 정원 체험을 가능하게 한다. 전 세계 여러 식물원에서 동시에 열린 '보이지 않는 것을 보다Seeing the Invisible' 전시는 디지털 기술과 세계적인 예술 작품을 접목해 정원을 독특한 야외 미술관으로 탈바꿈했다. 정원에서 스마트폰 앱을 실행하면 정원 곳곳에 숨겨진 작품이 눈앞에 보이고, 소리를 들으며 상호작용할 수 있는 경험을 제공한다. 미래의 정원은 스마트 기술과 융합돼 빛, 소리, 향기, 촉감 등 자연이 주는 오감을 최대한 살리는 공간으로 진화할 것이다.

결론적으로, 스마트 정원은 첨단 기술의 힘과 인간의 감성이 결합될 때 진정한 가치를 발휘한다. 정원을 가꾸는 것은 단순한 작업이 아니라, 자연과 교감하고 자신의 철학과 감정을 담는 창조적인 과정이기 때문이다. 미래의 정원은 무한한 가능성 속에서 기술로 증강될 수 있지만, 인간의 감각과 마음 없이는 온전히 완성될 수 없다. 정원을 가꾸는 사람은 수많은 종류의 꽃과 잎, 열매, 나무를 선택하며 정원을 완성해 나간다. 그 안에서 오랜 시간을 보내며 영감과 깨달음을 얻고, 몸과 마음의 치유를 경험한다.

정원을 돌보는 인간의 따뜻한 손길을 과연 어떤 로봇이 대체할 수 있을까? 계절의 변화에 따라 바뀌는 정원의 풍경, 시간에 따라 달라지는 햇살과 바람, 그리고 해마다 더욱더 성숙해지는 정원의 변화를 직감적으로 느낄 수 있는 것도 정원을 직접 가꾸는 사람의 고유한 경험이다. 또한 정원은 정답이 있는 고정된 대상이 아니라, 시시각각 변하며 보는 사람마다 각기 다른 감정을 불러일으키는 상호 작용의 공간이다. 이러한 정원의 본질을 이해하고 가꿀 수 있는 주체는 여전히 인간일 수밖에 없다.

로봇 정원사가 일구는 미래의 정원을 상상한 이미지
ⓒImage created using DALL-E by OpenAI

에필로그

도시가 우리의 정원이라면

과거 소수의 전유물이었던 정원은 이제 모두의 것이 되었다. 개인은 물론 국가, 지자체, 회사, 학교, 요양원 등 정원을 필요로 하는 공간과 대상은 매우 다양해졌다. 정원을 만드는 목적 역시 단순한 경관 개선과 장식을 넘어 교육, 치유, 전시, 관광, 축제 등으로 확장되었다. 이에 따라 정원의 종류와 규모, 디자인도 천차만별이다.

주로 도심의 실내 공간에서 생활을 영위하는 사람들에게는 손바닥만 한 정원조차도 큰 즐거움과 위로가 될 수 있다. 동네 자투리 땅에 핀 해바라기를 보며, 우리는 어쩌면 수백 년 전 왕들이 느꼈을 환희나 고흐 같은 예술가가 가졌을 기쁨을 함께 경험할지도 모른다. 또한 베란다 한 켠에 모아둔 화분에 서로 다른 꽃들이 철마다 아름답게 피어나면, 바쁜 일상 속에서도 작지만 확실한 행복을 느끼곤 한다.

정원은 우리 곁, 손 닿는 곳에 많이 있을수록 좋다. 언제든 쉽게 즐기고 교감할 수 있으면 더더욱 좋다. 사실 정원은 어디에나 만들고 향유할 수 있다. 그런 의미에서 요즘 우리 주변에 크고 작은 공공 정원이 점점 늘어나는 모습은 참으로 고무적이다. 계절에 따라 변화하는 정원의 다채로운 식물들은 많은 이들에게 끝없는 영감과 볼거리를 선사하기 때문이다.

하지만 분명 정원은 순간의 즐거움에 그치는 장소가 아니다. 공동체가 함께 가꾸고 보살피며, 배우고 체험하는 가운데, 더 나은 환경과 건강한 먹거리, 몸과 마음의 치유를 위해 지속적으로 영위되는 공간이다. 무엇보다 오늘날의 정원은 곤충과 새를 비롯한 지구의 다른 생명체와 공존을 실현하는 소중한 터전이기도 하다. 결국 정원은 앞으로 우리 모두가 함께 더불어 살아가야 할 삶의 자리인 셈이다. 지역과 국가를 넘어, 세대와 문화를 초월하여, 정원으로 하나 되는 세상을 꿈꾸며 이 책을 마친다.

인간은 손바닥만 한 정원이라도 가져야 한다

1판 1쇄 발행 2025년 9월 22일

지은이 · 박원순
펴낸이 · 주연선

(주)은행나무
04035 서울특별시 마포구 양화로11길 54
전화 · 02)3143-0651~3 | 팩스 · 02)3143-0654
신고번호 · 제 1997 ― 000168호(1997. 12. 12)
www.ehbook.co.kr
ehbook@ehbook.co.kr

ISBN 979-11-6737-582-7 (03300)

• 이 책의 판권은 지은이와 은행나무에 있습니다. 이 책 내용의 일부 또는 전부를 재사용하려면 반드시 양측의 서면 동의를 받아야 합니다.

• 잘못된 책은 구입처에서 바꿔드립니다.